AF466587

P. SEMARD

LA GUERRE

DU RIF

…HUMANITÉ, 120…

LA GUERRE DU RIF

P. SÉMARD

LA GUERRE DU RIF

1926
LIBRAIRIE DE L'HUMANITÉ
120 ○ RUE LAFAYETTE ○ PARIS-Xe

LA GUERRE DU RIF

Situation géographique et population du Maroc

(Voir carte ci-contre)

Le Maroc est situé au Nord-Ouest de l'Afrique; il est bordé au nord par la mer Méditerranée, à l'ouest par l'Océan Atlantique, au sud et au sud-est par le Sahara, et au nord-est par l'Algérie.

Sa superficie totale est controversée; les uns affirment qu'elle est de plus de 800.000 kilomètres carrés, et d'autres disent 600.000 et même 420.000 seulement. Ses côtes qui s'étendent sur 880 kilomètres sur l'Atlantique et 400 kilomètres sur la Méditerranée sont très peu accidentées et n'offrent que de très mauvais ports. Le plus important au point de vue commercial et stratégique est *Tanger*. Cette ville de 60.000 habitants, située sur le détroit de Gibraltar, se trouve placée au centre d'une zone qui a été internationalisée en raison de sa situation stratégique, car elle contrôle, avec la pointe de Gibraltar, l'entrée de la Méditerranée.

Sa population totale, très difficile à estimer, l'état civil n'existant pas, est d'environ 10 millions d'habitants — d'aucuns disent 8 millions — formée des races diverses : Berbères, Maures, Arabes, Touaregs, Nègres, Juifs. La race la plus importante est celle des Berbères (5 millions environ) qui est de plus vieille souche et qui parle une langue commune aux Kabyles d'Algérie et aux Touaregs du Sahara.

Les centres principaux sont : Tanger, Fez, Rabat, Casablanca, Marrakech, Meknès, Tétouan et Mogador, ces deux derniers sont des ports importants.

La grande chaîne des montagnes de l'Atlas traverse le Maroc par le milieu, du sud-est au nord-est.

Il existe de nombreux cours d'eau, mais peu profonds et non navigables. Les principaux sont : la Moulouia, le Seboun, le Tensif et l'oued Draa qui vont se jeter dans

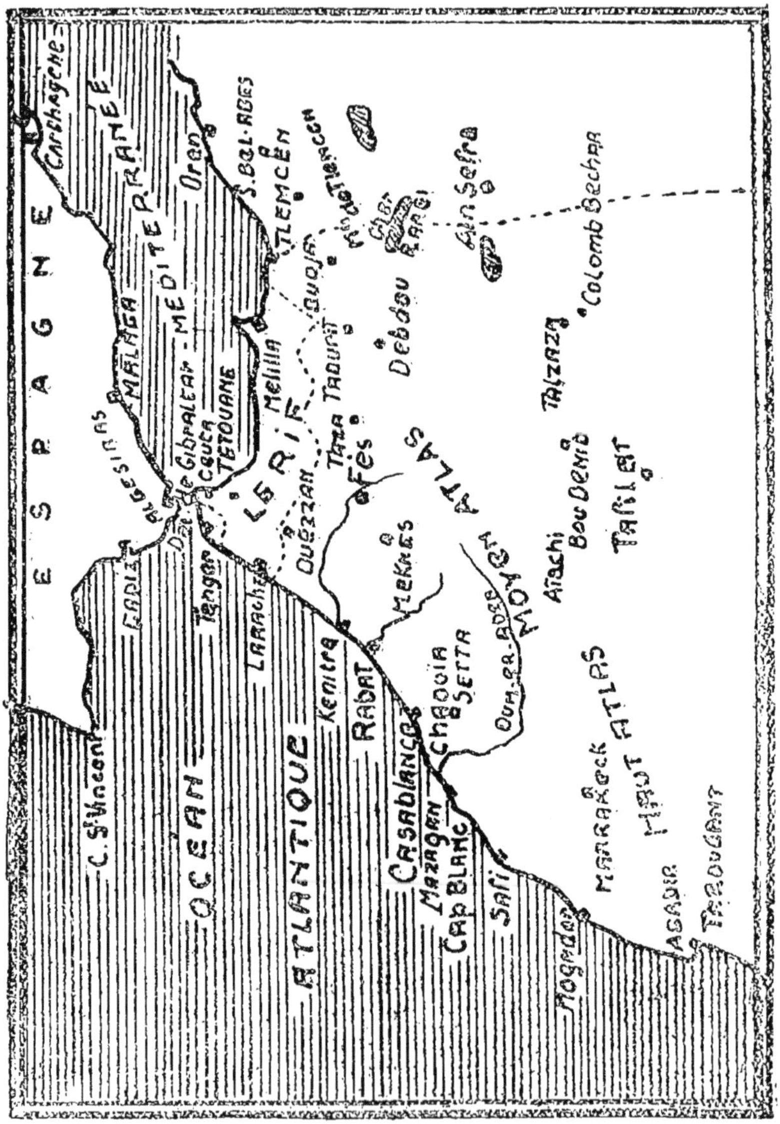
ESPAGNE
MÉDITERRANÉE
OCÉAN
ATLANTIQUE
Carthagène
Malaga
Gibraltar
Ceuta
Tetouane
Melilla
Oran
S. Bel-Abbes
Tlemcen
Aïn Sefra
Colomb Bechar
Debdou
Taourit
Taza
Fès
Meknès
Ouezzan
LE RIF
ATLAS
MOYEN
HAUT ATLAS
Larache
Kenitra
Rabat
Casablanca
Chaouia
Settat
Mazagan
Cap Blanc
Safi
Mogador
Agadir
Marrakech
Bou Denib
Tafilelt
C. St Vincent

l'Océan Atlantique, et le Guiri, le Zis, le Tafilet qui vont se perdre dans le Sahara. Deux grands lacs d'eau douce: l'Eb-Debia traversé par l'oued Draa et le lac du Djebel-e-Akh-der, qui sont trois à quatre fois plus grands que le lac de Genève.

Le climat est très variable en raison du voisinage de l'Atlas où il y a des neiges éternelles, et le terrible vent chaud du désert appelé « siroco », qui souffle sur une partie du Maroc et dessèche parfois toute la végétation. En général, le climat est bon de mars à septembre, et si sur le versant oriental de l'Atlas la température dépasse 34° à l'ombre, par contre, sur le versant maritime, la température est de 18 à 21°. Pendant les mois d'hiver, la température du jour varie entre 10 et 20°, la nuit elle descend à 6 et 4°, très rarement à 0.

Situation économique

Le Maroc, dont le sol est très fertile et donne jusqu'à trois récoltes par an dans certaines régions, produit, en assez grande quantité, les céréales suivantes : blé, orge, avoine, maïs, sorgho, pois chiches et fèves, et cela plus particulièrement dans la région occidentale occupée par le protectorat français. Des statistiques établissent qu'en 1924 la récolte de blé a atteint 9.700.000 quintaux avec 6.414.000 quintaux d'orge, soit un total de 16.114.000 quintaux pour ces deux seules céréales. On peut dire que 4/5 des indigènes vivent du travail de la terre.

Il existe quelques beaux vignobles, de riches vergers et jardins. Les forêts, composées de chênes à glands doux, chênes-lièges, cèdres, thuyas, gommiers, dattiers, amandiers, etc..., couvrent près de deux millions d'hectares.

L'élevage des chevaux, mulets, ânes, bœufs, porcs, moutons, chèvres s'y fait sur une très grande échelle. La production de la laine atteint par année plus de 7.000 tonnes.

Depuis quelques années, la culture des plantes textiles, coton, chanvre et lin, y est très activement développée. On y trouve ou cultive encore : de l'alfa, de la canne à sucre, des betteraves, du tabac, des palmiers dattiers et palmiers nains, des pommes de terre, des olives, des oranges, des citrons, des figues et quantité de plantes aromatiques ou médicinales.

Le sous-sol est très riche en gisements de phosphates, de minerai de fer, de zinc, d'étain, de plomb, de cuivre, de soufre et *aussi, dit-on, d'or et d'argent;* tous ces gisements existent particulièrement dans la région du Rif occupée par Abd el Krim. A la suite de sondages ou par des suintements, on a la certitude qu'il existe aussi du pétrole; c'est encore dans la région du Rif qu'on découvre ce produit précieux.

Il y a également des mines de sel; et le voisinage de la mer ainsi que les lacs salés en fournissent en grande quantité. On trouve encore en abondance de la chaux, du gypse et de l'argile pour la poterie.

Le développement de l'industrie s'est fait sentir plus particulièrement depuis la guerre. Il existe de grandes minoteries, des fabriques de pâtes alimentaires, des forges et fonderies, de nombreuses entreprises de construction et, à côté de cela, un artisanat encore très développé : tissage d'étoffes, ouvrages de maroquinerie, ciselage du cuivre, fabrication de tapis, etc.

Certains économistes affirment qu'au point de vue économique le Maroc a un très bel avenir qui réside dans le développement de son agriculture. Le sol est extrêmement fertile et alimenté d'eau en raison de sa structure particulière. Le Maroc français, sur 40 millions d'hectares qu'il représente, a près de 10 millions d'hectares qui peuvent être utilisés comme terres arables.

D'autre part, les colons trouvent là-bas une main-d'œuvre à très bon marché, et ces exploiteurs d'esclaves déclarent que si les indigènes du Maroc sont plus enclins à la révolte que leurs frères d'Algérie, par contre, ils leur sont supérieurs au point de vue du rendement du travail.

Situation politique

(*Voir carte des opérations militaires*)

L'ancien empire du Maroc était appelé « *pays du Sultan* » ou encore « *royaume d'Extrême-Orient* ». Il se divisa d'abord en deux parties : au Nord, le royaume de Fez; au Sud, le royaume du Maroc. Il fut par la suite sous la domination d'un seul souverain, qui avait le titre de sultan ou empereur.

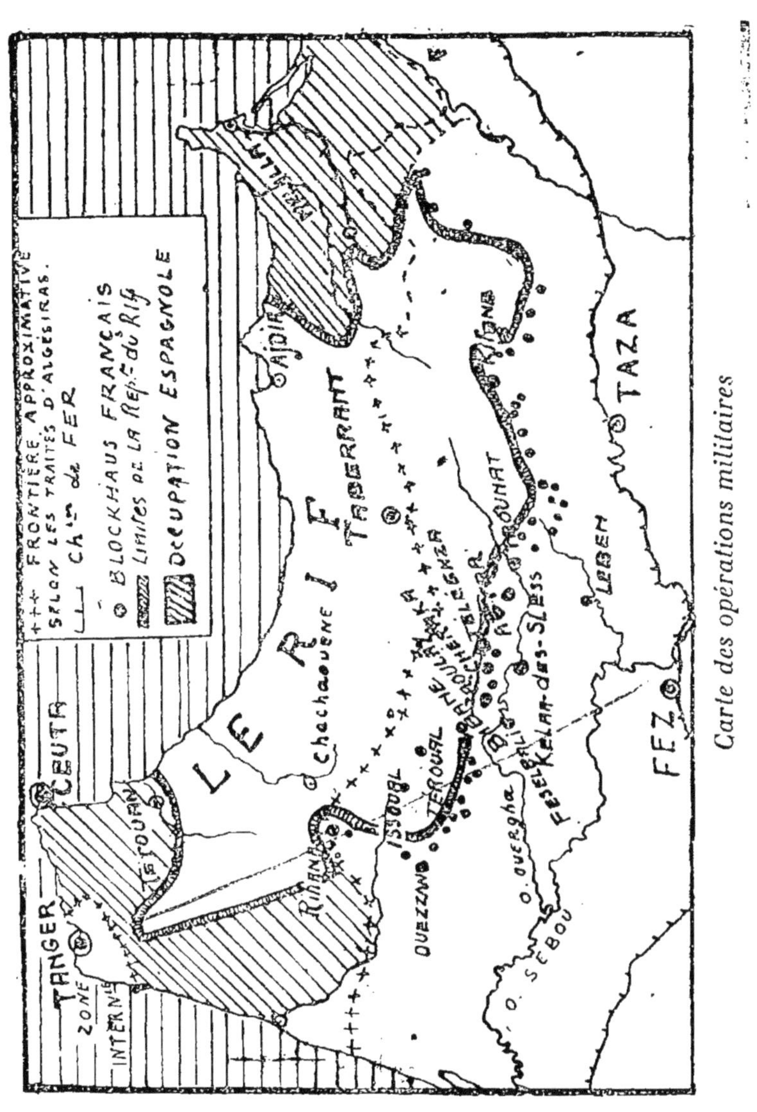

Carte des opérations militaires

Le Maroc était divisé en un certain nombre de provinces qui avaient à leur tête des pachas ou caïds, chargés du gouvernement civil et militaire. Leur rôle était surtout de s'enrichir en doublant les impôts, dont ils mettaient le surplus dans leurs poches, et en infligeant à tout propos des amendes. Au-dessous des pachas, il y avait des vice-gouverneurs de ville ou de province appelés « cheiks » et aussi califes qui rançonnaient le peuple de la même manière que les pachas et étaient à leur tour rançonnés par ces derniers.

Le Maroc appartient à la religion mahométane qui enseigne le Coran, livre sacré contenant les préceptes religieux de Mahomet. Il est donc un des pays du monde musulman, *dont l'ensemble s'appelle l'Islam.*

Le sultan qui, d'après la religion, descend du « prophète » Mahomet et s'intitule le « *vicaire de Dieu* », possède la puissance spirituelle et temporelle; il est, en religion comme en politique, le maître souverain. Bien entendu, dans le Maroc actuel que les traités ont partagé entre la France et l'Espagne, le sultan qui règne, *Moulai Youssef,* n'est plus qu'un instrument entre les mains des impérialistes et en particulier entre celles du résident général Lyautey, gouverneur du protectorat français.

Les « pachas », « caïds » et « califes », qui ont été maintenus à côté des chefs civils et militaires français, sont, de la même manière, entre les mains des autorités gouvernantes.

Actuellement, le Maroc moderne est divisé en deux parties : *le Nord* avec les villes de Ceuta, Larache, Tétouan, Chéchaouène, Taberrant, Adjir, Mélilla, à l'exception d'une zone internationale qui comprend Tanger, est reconnu à l'Espagne. *Le Sud* avec les villes de Fez, Marakech, Casablanca, Rabat, Saleh, Meknès, Mazagran, Saffi, Mogador, est reconnu à la France. Les régions montagneuses comprennent une quantité de tribus encore insoumises qu'on peut évaluer à près de deux millions de sujets.

La récente révolte des tribus marocaines du territoire du Rif qui est compris, dans sa presque totalité, dans la zone espagnole, englobe une population de près de 800.000 âmes. C'est dire que le partage à l'amiable du territoire entre impérialistes n'a pas du tout résolu la question de l'occupation, et la pénétration « pacifiste » se fait en réalité à coups de canon, de mitrailleuses et de fusils, comme on le verra plus loin.

L'histoire du protectorat français de 1845 jusqu'à la fin de la guerre 1914-1918 (1)

Les historiens font remonter au temps de Charlemagne les premières relations entre la France et le Maroc. En 1138, un premier traité aurait été signé avec le sultan.

Plus près de nous, en 1845, peu après la défaite de l'émir Abd el Kader qui régnait sur une partie de l'Algérie, un traité fut conclu avec le chérif du Maroc dans le but de solutionner à l'amiable les incidents qui pouvaient surgir sur les points d'une frontière qu'il était impossible de délimiter exactement.

L'Algérie, qui venait de tomber complètement entre les mains des Français, allait désormais servir de base d'opération contre les Marocains.

A cette époque, les impérialistes français déclaraient déjà que l'avenir de nos possessions en Afrique du Nord dépendait de notre attitude vis-à-vis du Maroc; qu'il était impossible de laisser notre colonie d'Algérie à la merci d'un coup de main des Marocains, et qu'il était également intolérable que la France laisse s'installer dans le Maroc une autre puissance qui pourrait pousser le monde musulman contre elle.

Jusqu'en 1901, les incidents et les conflits sanglants entre les troupes françaises et les tribus de la zone frontière se multiplièrent, et c'est au cours de cette année que des tractations s'engagèrent entre la France et le Maroc pour conclure un autre traité.

Deux représentants de l'Etat marocain, *Abd el Krim* et El Guebbas, signèrent à Paris ce traité qui complétait, en le modifiant en faveur de la France, celui de 1845. La France était autorisée à poursuivre sur le territoire du Maroc, pour les punir, les tribus dissidentes qui se seraient rendues coupables de maraudage.

C'était la porte ouverte à la pénétration militaire au Maroc.

---

(1) Voir aux annexes le statut diplomatique du Maroc, p. 97.

En 1903 fut signé à Alger un complément au traité de Paris de 1901, qui établissait la collaboration économique entre la France et le Maroc et décidait que les gouvernements des deux pays se prêteraient aide et main-forte pour combattre les tribus dissidentes.

Cette convention nouvelle ne résolvait pas l'épineuse question de la soumission des tribus dissidentes qui ne voulaient reconnaître ni l'autorité française, ni l'autorité des chefs marocains qui s'alliaient aux Français pour les écraser. Les incidents et les attentats se multiplièrent, et entraînèrent une répression féroce. Au cours de l'année 1904, des colonnes militaires françaises mirent toute la zone frontière du Maroc et de l'Algérie à feu et à sang.

La pénétration dite « pacifique » faisait une fois de plus sentir ses effets!

C'est vers la fin de cette année que les puissances impérialistes, Allemagne, Angleterre, Espagne et Italie, élevèrent leurs protestations en demandant leur part du gâteau marocain.

L'Espagne, en particulier, qui était déjà depuis longtemps installée sur plusieurs points de la côte, et qui voyait d'un très mauvais œil la pénétration de la France au Maroc, préconisa le partage à l'amiable.

L'Angleterre qui, dès 1840, avait déclaré par la bouche de lord Abervenden, ministre des Affaires étrangères : « que l'occupation définitive d'un point du Maroc par la France serait forcément un *casus belli* », et qui avait déjà difficilement accepté l'occupation de l'Algérie, ne voulant pas que la France devienne une puissance coloniale susceptible de menacer sa propre suprématie, *déclarait vouloir protéger le Maroc contre toute occupation étrangère.*

L'Italie, mécontente de son insuccès en Tunisie et qui cherchait à s'installer quelque part en Afrique, réclamait avec insistance sa part du Maroc.

Enfin, l'Allemagne, qui s'opposait, elle aussi, à ce que la France augmentât son « empire » colonial en Afrique et dont le développement industriel progressait de jour en jour, réclamait des débouchés dans les colonies. Elle poursuivait dans ce but une politique d'expansion coloniale et voyait dans le Maroc la nation rêvée où elle pourrait se livrer au commerce. Elle était opposée à la pénétration de la France qui constituait pour elle une concurrente certaine.

En 1903, Delcassé, ministre des Affaires étrangères de France, avait tenté de régler, en tête à tête avec l'Espagne, le partage du Maroc. Pour gagner cette dernière et écarter définitivement l'Angleterre, il n'avait pas hésité à lui donner la plus large part en lui cédant non seulement Taza, mais même la ville de Fez.

Le gouvernement espagnol, qui comprenait qu'une question aussi importante que celle du Maroc ne pouvait pas être traitée isolément entre la France et l'Espagne en écartant l'Angleterre et les autres puissances, ne repoussa pas catégoriquement les offres de la France, mais il fit traîner les choses en longueur.

Alors, au cours de l'année 1904, la France sentant la protestation des puissances qui montait, changea sa politique et se décida à causer avec l'Angleterre. C'est cette année-là que les impérialistes se mirent une première fois d'accord et se partagèrent — sans le consentement des peuples intéressés bien entendu — toute l'Afrique. Des conventions furent signées entre les différents Etats impérialistes, aux termes desquelles, tout en proclamant le maintien de l'intégrité de l'empire chérifien sous la souveraineté du sultan, la France et l'Espagne pouvaient se partager le Maroc. Une condition était imposée par l'Angleterre : c'est qu'aucun ouvrage militaire ne devait être construit sur les côtes du Maroc, de façon à laisser libre le détroit de Gibraltar. L'Angleterre s'octroyait l'Egypte à laquelle la France renonçait. L'Italie se réservait la Tripolitaine, en abandonnant toute prétention sur le Maroc. L'Allemagne, qui avait d'abord accepté les accords conclus, se ravisa peu après; son représentant à Tanger déclara que son pays avait été écarté des accords établis entre la France, l'Espagne, l'Angleterre et l'Italie, et refusait de reconnaître la mission colonisatrice dévolue à la France.

En mars 1905, le kaiser Guillaume II débarquait en coup de théâtre à Tanger, déclarant qu'il venait lui-même s'entendre avec le chérif pour défendre les intérêts de ses nationaux. Il réclamait une conférence internationale pour examiner à nouveau le traité de 1904 et les accords particuliers qui en avaient découlé.

Cette conférence se tint en 1906 à Algésiras et n'apporta aucun changement notable. L'Allemagne, diplomatiquement battue par les autres Etats impérialistes, en garda une rancune qui devait se manifester quelques années plus tard, en 1907, au moment des succès militaires français sur les tribus insoumises des régions d'Oudja et de la Chaouia.

De graves difficultés surgirent entre la France et l'Allemagne, au Maroc même, où les intérêts commerciaux des deux pays se heurtaient et augmentaient les dissentiments. Une nouvelle convention fut signée entre la France et l'Allemagne, au début de 1909, qui ne donna aucun résultat, sinon d'accentuer le différend.

En janvier 1911, les Français qui s'étaient trouvés bloqués dans Fez par les tribus voisines en révolte, envoyèrent un corps expéditionnaire pour débloquer la ville. Fez fut définitivement occupé. L'Allemagne se saisit de cette marche des Français sur Fez pour dire que les traités conclus antérieurement étaient violés, et en signe de protestation, elle fit occuper le port d'Agadir par un bateau de guerre *la Panthère.*

Cet incident, qui fut dénommé le « coup d'Agadir », faillit allumer la guerre mondiale qui devait surgir trois années plus tard.

Le but immédiat de l'Allemagne était de démontrer aux autres impérialistes qu'elle n'entendait pas être écartée des partages futurs et qu'au Maroc, comme ailleurs, elle voulait avoir sa part.

L'incident fut réglé fin 1911 par une nouvelle convention qui reconnaissait le droit à la France d'instaurer son protectorat sur la partie du Maroc qui lui était attribuée, et cela en échange de certaines garanties commerciales, judiciaires et financières attribuées à l'Allemagne, qui abandonnait Agadir et recevait de la France une partie de sa colonie du Congo.

L'Allemagne obtenait ainsi une part du gâteau africain en laissant les mains libres à la France sur le Maroc. Alors l'Espagne, mécontente, publia les traités secrets de 1905 et 1907 qui admettaient le partage éventuel du Maroc! Les difficultés recommencèrent entre ces deux pays et l'accord ne fut réalisé qu'en novembre 1912. France et Espagne se partagèrent alors à l'amiable le territoire du

Maroc autour du tapis vert, sans se préoccuper de l'accueil qui leur serait fait par les peuples intéressés.

Les Marocains qui ne l'entendaient pas ainsi se révoltèrent à plusieurs reprises et massacrèrent officiers, soldats et colons français. *C'est au cours de cette même année 1912 que le général Lyautey fut choisi comme résident de France au Maroc.*

La « pacification » commença à coups de canon et de mitrailleuses. La civilisation européenne pénétra au Maroc sous la forme de balles de fusil qui trouaient la peau des indigènes. Les fameux généraux Mangin et Gouraud s'exercèrent à cette vraie guerre, se faisant ainsi la main pour la grande boucherie mondiale de 1914 à 1918.

De 1912 à 1918, le résident Lyautey pacifia les tribus par le fer et par le feu, quand il ne pouvait pas les corrompre au moyen de distribution de titres honorifiques ou d'argent.

Le socialiste Lucien Deslinières, auteur d'une proposition de socialisation du Maroc qui fit, en 1912, quelque bruit, a écrit, dans son livre *Le Maroc socialiste*, très justement ceci :

> Le Capital est un monstre avide et pressé de jouir; il ne civilise pas, il ne colonise pas; il se jette sur sa proie, sur tout ce qui peut lui assurer un profit immédiat. Dans cet admirable Maroc, dont la prospérité économique ne sera, de l'avis de tous les gens compétents, que le fruit du développement de son agriculture, il n'a vu, lui, que les mines, la spéculation sur les terrains, les grandes entreprises rémunératrices: banques, ports, chemins de fer. Là il y a gras. On empoche de larges bénéfices et on peut se montrer reconnaissant envers les intermédiaires officieux qui ont indiqué et favorisé les bons coups. Tout le monde est donc satisfait; entendons tout le monde qui compte, c'est-à-dire celui qui possède et qui gouverne. Quant au vil troupeau des travailleurs, on sera bien forcé de le nourrir puisqu'on aura besoin de ses bras; mais on le nourrira juste assez pour conserver ses services; et lorsqu'on n'aura plus d'ouvrage à lui donner, il se tirera d'affaires comme il pourra
>
> Telle est l'orientation de l'œuvre française et européenne qui se prépare au Maroc et y a déjà planté ses jalons.

Rappelons que Deslinières écrivait ces lignes en 1912, et nous pourrons vérifier, en 1926, combien il avait raison sur ce point.

Plus tard, Caillaux, dans son livre *Agadir*, a analysé la politique coloniale de la France en Afrique de la façon suivante :

Les sacrifices consentis par la France tant à l'Espagne qu'à la Grande-Bretagne au sujet du Maroc, étaient importants. Mais le plus considérable était l'abandon que nous consentions des principes au nom desquels nous avions lutté pendant de longues années. Sans cesse, au cours du XIXe siècle, nous avions revendiqué pour l'Egypte la pleine indépendance au temps de Mehémet-Ali. Plus tard, nous avions obtenu que l'autonomie lui fut concédée par la Porte. Depuis 1882, nous n'avions cessé de réclamer l'évacuation des troupes anglaises au nom des droits du peuple égyptien. Et voici que nous troquions cet idéal contre une liberté (?) de conquêtes. Nous pouvions, sans doute, arguer de l'impossibilité où nous étions d'exercer une action utile en Egypte sans déchaîner un conflit entre la France et l'Angleterre, ce qui eût été un crime contre la civilisation. Mais à parler franc, le seul argument qui valut était déduit des besoins de notre expansion, de la nécessité qui s'imposait à nous d'étendre notre domaine africain. Et la possession de la complète façade de notre empire de l'Afrique du Nord était d'un tel prix pour nous que l'on pouvait considérer que nous ne la payions pas trop cher en renonçant au patrimoine de traditions glorieuses qui faisaient de nous les champions du droit dans l'est de la Méditerranée.

Ces déclarations de Caillaux sont l'aveu de la volonté impérialiste qui a animé toute la politique des gouvernements français qui se sont succédé depuis un demi-siècle, et tout dernièrement Colrat, l'ancien garde des Sceaux de Poincaré, justifiait cette occupation en écrivant ceci :

Au point de vue politique, l'occupation du Maroc a été un grand acte. Quels formidables périls eussions-nous été en droit d'attendre, en effet, si une puissance rivale avait pris les devants et se fût installée à notre place? Pendant la guerre, n'était-ce pas un grave danger pour nos colonies d'Afrique, si un Maroc germanisé eût coupé toutes communications avec l'Afrique occidentale et soudoyé nos sujets algériens?

Colrat complète Caillaux en donnant l'explication politique de l'occupation du Maroc; mais ce que l'un et l'autre ne disent pas clairement — et pour cause — c'est le profit que leurs amis capitalistes : banquiers, industriels et exploiteurs de tout acabit, ont retiré de cette occupation; c'est ce que nous verrons par la suite.

La pacification du Maroc de 1918 à nos jours

Lyautey s'est efforcé de soumettre à son protectorat les nombreuses tribus dissidentes qui formaient des « taches » sur de nombreux points du territoire reconnu à la France.

Ces « taches » (régions insoumises) existaient plus particulièrement dans les régions montagneuses. Les montagnards épris de liberté, se moquent du traité d'Algésiras et considèrent comme un chiffon de papier l'acte par lequel on a partagé leur territoire et décidé de les placer sous la domination d'une puissance étrangère. Les colonnes militaires du général Lyautey se sont chargées de faire connaître à ces rebelles les beautés de la civilisation française. C'est à coups de canons et de fusils que leur « pacification » fut poursuivie! Cette pacification avait déjà coûté à la veille de la guerre contre le Rif plus de 4 milliards et 12.000 soldats tués.

Peu avant l'aventure contre Abd el Krim, Lyautey affirmait que son « *œuvre* » de pacification serait bientôt terminée et que le Maroc français serait aussi tranquille que le pays de France lui-même. Une seule inquiétude : *les succès répétés d'Abd el Krim,* mais, disait-il, les précautions sont prises pour empêcher une incursion sur « notre » territoire marocain.

Pourtant s'il faut en croire certains journalistes bourgeois, le Maroc n'était pas si tranquille que voulait le dire Lyautey. Ainsi dans la *Revue des Deux Mondes,* de février 1925, Henri Bidou écrivait :

> Il y a deux Maroc, l'un est la vaste zone où roulent les automobiles de la Compagnie Transatlantique. Mais cette zone tranquille est comme une enceinte gardée par des baïonnettes. Ici calme total, là l'existence du soldat en campagne dans des postes assiégés par un ennemi invisible... On fait la corvée d'eau sous la protection d'un détachement à cheval et on est souvent attaqué... Aux portes mêmes de Meknès, sur le plateau d'Ite qui s'élève à 1.500 mètres, il n'était pas rare de recevoir des coups de fusil... A El-Mers, dans le poste fortifié, les balles pleuvent sur la salle à manger où les officiers déjeunent. Ils ne peuvent sortir qu'en nombre et chaque sortie est une opération de guerre.

Et ces faits ne se passaient pas seulement près de la

frontière du Rif, mais en plein centre du protectorat français. Vous en conclurez que l'œuvre de « pacification », malgré les déclarations optimistes de Lyautey, laissait à désirer.

L'inquiétude de Lyautey était justifiée. Les Riffains, sous la conduite de leur chef réputé Abd el Krim, infligeaient aux Espagnols des défaites successives et cuisantes. L'œuvre de « pacification » entreprise par les impérialistes espagnols avait été confiée en 1919 à un certain général Sylvestre (le Lyautey espagnol), qui voulut brûler les étapes pour faire la conquête du Rif. D'une brutalité inouïe il repoussa les avances et malmena les émissaires d'Abd el Krim. Son désir était d'écraser la puissante tribu des Beni-Ouriaguel, à laquelle appartenait la dynastie des Abd el Krim et de s'assurer la possession des mines du Rif. Sa trop grande précipitation lui valut une cuisante défaite, qui marqua le commencement de la débâcle des troupes espagnoles. Abd el Krim prit alors l'offensive, et à plusieurs reprises, fut sur le point de jeter les Espagnols à la mer.

La situation devint si grave que le dictateur Primo de Rivera, en personne, vint prendre le commandement suprême de l'armée espagnole. Il fut, lui aussi, battu à plate couture et obligé de battre en retraite. Il dut traiter avec Abd el Krim pour se faire rendre les prisonniers et cela contre une rançon de 4 millions et demi. Au cours de 1924, le consul espagnol, M. de Sestes, et un gros financier vinrent traiter à Ajdir d'un armistice et de la paix. Au commencement de 1925, Abd el Krim était maître des trois quarts de la zone attribuée à l'Espagne. Celle-ci avait perdu dans l'aventure plus de 20.000 morts, blessés et disparus et dépensé plus de dix milliards de francs.

Pour se consoler de cette défaite, le dictateur Primo de Rivera déclarait que « le Maroc n'offrait aucun avenir à l'Espagne et que sa seule raison d'y agir encore était l'existence d'engagements internationaux que l'Espagne, d'ailleurs, se réservait le droit d'interpréter en tenant compte de ses propres convenances ».

Après ses succès foudroyants et répétés, Abd el Krim organisa le territoire libéré du joug des Espagnols et créa la République du Rif dont il se fit proclamer le chef. Ses victoires lui avaient fait tomber entre les mains un important matériel de guerre qui fut évalué à dix milliards de francs ; son prestige avait grandi considérablement et le journaliste R. Raynaud écrivait de lui dans la *Revue Economique et Parlementaire* de janvier 1925, ceci : « Abd el Krim est aujourd'hui, représentant dans l'Islam, le guerrier du Prophète vainqueur du chrétien. Il a remplacé dans le nationalisme musulman Mustapha Kemal qui a défié l'Europe en chassant le Grec... De l'Inde, de la Turquie, de l'Egypte, de tout l'Extrême-Orient, partout où le Coran fait loi, s'élèvent vers lui les prières. »

Ce journal qui défend les intérêts de la haute finance se montrait inquiet, non pas sur le sort des soldats et colons français au Maroc, mais sur le sort des nombreux millions engagés dans les différentes entreprises industrielles et commerciales du Maroc et il jetait le cri d'alarme pour qu'il soit à la fois entendu du gouvernement et du serviteur de la haute finance au Maroc, le résident Lyautey.

Nous verrons plus loin que les précautions étaient prises et que, dans l'ombre, l'offensive contre les Rifains était préparée par Lyautey en accord avec les gouvernants du Bloc National puis du Bloc des Gauches.

Examinons tout de suite les premiers résultats de la « colonisation pacifiste » et les méthodes de pénétration du capitalisme.

La pénétration « pacifique » du capitalisme

Dès 1909, la *Dépêche Marocaine* donnait des indications sur les grandes sociétés capitalistes qui s'étaient constituées pour exploiter le Maroc.

C'était d'abord « *L'Union des Mines Marocaines* » société vraiment internationale qui groupait le « Creusot » allemand avec Krupp et Thyssen, les différentes sociétés marocaines d'Agadir, de Mekta el Hadir, la Compagnie Marocaine, la puissante Compagnie française de Châtillon et Commentry et les plus forts établissements industriels et financiers d'Angleterre, de Belgique, d'Italie et d'Espagne. Une véritable Babel capitaliste que la *Dépê-*

che de Toulouse déclarait *imposante et d'une puissance financière presque irrésistible.*

Ensuite c'était la Société allemande constituée par les multimillionnaires Mannesmann frères, qui s'était tout d'abord assurée le monopole minier de tous les gisements découverts ou à découvrir, puis qui fusionna plus tard avec « *l'Union des Mines Marocaines* » et perdit ainsi son extraordinaire privilège.

Enfin la troisième société était la « *Compagnie espagnole des Mines du Rif* » qui visait à accaparer toutes les richesses du sous-sol de la zone espagnole du Maroc.

Ceci se passait avant la guerre, et de même que, depuis, la carte du monde a beaucoup changé, la situation au Maroc est sensiblement modifiée. Comme on va le voir ce sont maintenant les banques qui sont maîtresses du Maroc.

La pénétration et le rôle des banques en particulier

Le premier emprunt du Maroc en 1904 nous démontre le désir de mainmise des banquiers français sur le Maroc. Comme garantie les banques se firent attribuer 40 % du produit des douanes et les opérations financières effectuées leur assurèrent une commission qui dépassa 18 %.

Un second emprunt donna encore aux banques en garantie 60 % du produit des douanes, c'est-à-dire qu'avec les 40 % déjà attribués au premier emprunt, c'est la totalité du produit des douanes qui se trouvait accaparée par les banques.

L'occupation du Maroc a permis aux banques françaises d'exporter et de faire fructifier à plein leurs capitaux. C'est ainsi que la *Banque de Paris et des Pays-Bas*, le *Crédit Foncier d'Algérie et de Tunisie*, la *Banque de l'Union Parisienne* et la *Compagnie commerciale de Bordeaux-Bassens* se partagent et contrôlent tous les groupements commerciaux et industriels. Toute la vie économique et politique du pays leur est subordonnée. Elles sont partout, dans tous les conseils d'administration; dans ceux des quatre compagnies de chemin de fer concessionnaires, dans celui de la Société Générale d'Energie Electrique (capital 10 millions), dans la Société des Brasseries du Maroc (capital 6 millions), dans la Société des Moulins de Maghreb (capital 12 millions), dans la Compagnie d'Eclairage et de Force du Maroc (capital 1.250.000), dans la Société des Abattoirs municipaux (capital 6 millions 200.000), dans les trois sociétés agricoles du Maroc : la Société marocaine d'Exploitation agricole (capital 1 million), la Société agricole du Maroc (capital 3 millions) et la Compagnie du Sebeu (capital 8 milions), dans la Société Générale pour le développement de Casablanca (capital 5 millions), dans la Société des chaux et matériaux de construction au Maroc (capital 14 milions), dans la Société de Construction civile des immeubles et ouvrages d'art (capital 2 millions), dans la Société des Ports marocains (capital 5 millions). Avec l'aide de la *Société Marseillaise de Crédit,* elles ont créé la *Compagnie Générale du Maroc,* au capital de 20 millions, qui dirige douze sociétés importantes. Enfin, elles participent à la Société internationale de Régie des tabacs du Maroc, au capital de 10 millions.

Par cette liste, qui est certainement incomplète, on peut voir que les banquiers contrôlent tout : la terre, la production, la construction, les chemins de fer, les mines, les chutes d'eau, les tabacs.

La plus puissante est la Banque de Paris et des Pays-Bas qui, en plus de sa participation ou représentation dans toutes ces sociétés, contrôle encore la Banque d'Etat du Maroc (15 millions de capital), qui émet les billets de banque. Deux membres de son conseil d'administration font partie du comité international qui dirige la Banque d'Etat du Maroc, et l'un est le directeur même de cette banque.

Sur 483 millions de capitaux exportés dans le commerce et l'industrie, la Banque de Paris et des Pays-Bas contrôle de façon directe 198 millions et indirectement, par l'intermédiaire de la Société Générale de Casablanca et de la Compagnie Générale du Maroc, 48 autres millions, *c'est-à-dire plus de la moitié des capitaux engagés au Maroc.*

Les autres groupes qui s'occupent plus spécialement des transits maritimes et des mines : Crédit Foncier d'Algérie et de Tunisie et Compagnie de Bordeaux-Bassens, animent : le premier, une dizaine de sociétés d'un capital total de 25 millions; le second, neuf sociétés d'un capital total de 21 millions.

Voilà, en résumé, la place formidable occupée par la haute finance au Maroc.

Quand notre camarade Doriot, député communiste au Parlement français, dénonça, du haut de la tribune, cette entreprise de brigandage des banques sur le Maroc, un quelconque député radical, le sieur Morinaud, de Constantine (Algérie), lui cria :

« Les banques ont *bénéficié* de notre installation au Maroc, mais ce n'est pas pour elles que nous y sommes allés. Nous y sommes allés pour faire cesser un état anarchique dangereux pour l'Algérie ». Vous admirerez l'essai de candeur de ce député d'Algérie — colonie qui est elle-même dominée par les banques — qui déclare que les *banques ont seulement « bénéficié » de la colonisation du Maroc* qui, rappelons-le, a déjà coûté 12.000 *morts et* 4 *milliards gaspillés.* Si on demandait à ce fourbe de Morinaud pourquoi nous sommes allés en Algérie, il serait capable de nous répondre que *c'était pour faire cesser un état anarchique dangereux pour la France ! ! !*

Pas de doute que les banques aient bénéficié de cette aventure coloniale du Maroc, dont tous les frais ont été supportés par le prolétariat français et indigène, mais cela dans de telles proportions qu'elles monopolisent toutes les richesses du sol et du sous-sol et dirigent en fait la politique.

Ce sont elles qui par l'influence qu'elles ont exercé sur les gouvernements qui se sont succédé depuis la guerre, par les complicités intéressées qu'elles possédaient à la « cour » du résident Lyautey et grâce aussi à l'appui de Lyautey lui-même ont poussé à la guerre contre Abd el Krim.

Les premiers résultats de la « colonisation pacifiste »

Non seulement c'est la guerre continuelle contre telle ou telle tribu, qui ne veut pas se soumettre au droit du plus fort ou qui se révolte contre le surcroît d'exploitation, mais c'est une transformation profonde de la vie et une aggravation des conditions de travail et d'existence des Marocains, exploités et ruinés sous le double régime des colons français, maintenant associés aux caïds.

La terre leur est enlevée; le petit artisanat disparaît devant la grosse industrie, les grandes minoteries absorbent les milliers de petits moulins indigènes. L'industrialisation des terres, des forêts, des mines, des cours d'eau, se poursuit méthodiquement et l'indigène est devenu comme l'ouvrier européen un *outil*, une *marchandise* qu'on exploite le plus possible en le faisant travailler de longues journées pour de bas salaires (moins de cinq francs pour douze à quinze heures de travail).

La servitude pèse d'autant plus que l'ignorance existe; le malheureux indigène est volé, trompé, et quand il proteste, le colon profiteur le brime, le chasse, quand il ne le bat pas et ne le fait pas jeter dans un cachot en inventant un larcin quelconque.

Si les « gourbis » (huttes faites de branchages et de terre) sont toujours aussi insalubres et aussi misérables, de grandes bâtisses, logeant des banques, des comptoirs, des bureaux de grandes sociétés industrielles, des grands magasins, etc., se construisent tous les jours, avec les bras et la sueur des indigènes.

Non seulement les indigènes continuent à loger dans leurs taudis, mais ils sont mal payés, et pour les faire marcher quand, exténués et épuisés, ils refusent de travailler plus longtemps, on les frappe comme des bêtes. Des milliers de témoignages peuvent être invoqués.

Il n'est pas rare non plus que des razzias soient faites, non pas, comme on pourrait le croire, par des tribus insoumises, qu'on dit vivre de brigandage, mais par les troupes d'occupation. Voici une plainte, qui a un caractère officiel puisqu'elle a fait l'objet d'une enquête de l'administration du protectorat français, et qui démontre comment la « pacification » s'opère :

Le capitaine Z..., le lieutenant Y... et tous les mokhazenis du bureau des renseignements de Ksiri, ainsi qu'un important personnel du caïd Ouedari, arrivèrent chez les Bridjates comme une trombe, incendièrent les meules de grains, 47 kaïmas, firent main basse sur l'argent, les tapis, le linge, les papiers, prirent 1.200 moutons, porcs, vaches, bœufs, ânes, mulets, enfin tout ce qu'ils trouvèrent, frappèrent les femmes, les enfants et tuèrent un des Bridjates. Ils chargèrent les hommes avec une violence inouïe, les Bridjates furent obligés de s'enfuir de l'autre côté de la rivière Sebou pour échapper à la mort.

Cette plainte, rédigée par les Bridjates, propriétaires des terres près de la rivière Sebou, démontre comment les soudards de Lyautey, aidés par les « caïds » achetés à prix d'or et d'honneurs, ont procédé à l'expropriation des cultivateurs marocains pour pouvoir y installer par la suite les colons français ou de riches indigènes soumis.

Les rapts de ce genre ne se comptent pas, mais il y a mieux. Pour obtenir la soumission de certaines tribus dissidentes, c'est par la famine, par le fer et par le feu qu'on procède. Voici un télégramme officiel que J. Doriot a reproduit dans sa brochure *Les Impérialistes et le Maroc,* qui est d'un cynisme révoltant, mais d'une précision remarquable en ce qui concerne les méthodes de « pacification » :

TELEGRAMME OFFICIEL

Colonel commandant territoire Ouezzan à chef bataillon commandant secteur Est, Téroual.

N° 1543/0

Priorité opérations

1. Prière faire connaître si vous avez été appelé à donner à vos commandants de postes des instructions différentes de celles ordonnées au paragraphe 3 de mon télégramme 1468 du 22 novembre, en ce qui concerne tirs artillerie et mitrailleuses sur laboureurs dissidents ensemençant dans rayon action des postes. Dans l'affirmative, préciser la raison et me rendre compte du motif pour lequel je n'ai pas été avisé.

2. A la suite de renseignements reçus de différents côtés, ai reconnu nécessaire de rappeler tous commandants secteur, poste et chefs bureau à l'exécution de mes ordres. Il serait tout à fait regrettable que, *dans un esprit étroit d'économie de munitions,* certains commandants de postes aient, non seulement désobéi à mes ordres, mais encore aient, par ignorance, fait le jeu des dissidents en les laissant ensemencer. Les dissidents n'ignorent pas qu'ils auront toujours la possibilité de moissonner, et c'est pour cela qu'ils s'acharnent actuellement à étendre leurs terrains de culture même aux environs immédiats des postes.

3. Dans quelques semaines, il sera possible de repérer tous

les terrains ensemencés, et c'est à ce moment-là qu'il sera possible de me rendre compte de quelle façon ont été exécutés sur tout le front insoumis les prescriptions de mes télégrammes 1468 du 22 novembre et 1481 du 25 novembre.

Le colonel COLOMBAT,
Commandant le territoire d'Ouezzan.

P. O. le capitaine adjoint,

(Signature illisible et timbre portant les indications suivantes : Subdivision de Meknès — le Commandant — cercle d'Ouezzan).

L'actuel général Colombat, qui commande sur le front du Rif, alors colonel commandant le territoire d'Ouezzan, n'y allait pas par quatre chemins : Chefs de postes, n'économisez pas les munitions! Tirez dans le tas! Allez-y, tuez ces laboureurs qui paisiblement sèment leurs grains pour vivre et faire vivre leur famille; et puis tuez aussi leurs bestiaux, et comme l'âge et le sexe des victimes importent peu, bornez-vous à indiquer, le nombre des tués et des blessés.

Voilà ce qu'indique le deuxième télégramme ci-dessous, qui est aussi officiel que le premier :

TELEGRAMME OFFICIEL

Cercle Ouezzan à........ Renseignements Téroual, Issoual, Sidi Redouane, Ouled, Allal, Ouezzan Banlieue.

N° 562 O. O. — Lorsque vous informez des pertes subies par dissidents, bornez-vous à indiquer le nombre de tués ou blessés, nombre d'animaux détruits, sans spécifier âge ou sexe.

Ouezzan, le 11 novembre 1921.

Le capitaine DE FÉRAUDY,
Chef du Bureau du Cercle.

(Signature illisible et timbre portant les indications suivantes : Service des renseignements — Bureau du Cercle — Cercle d'Ouezzan).

Enfin, pour démontrer combien est séduisante cette guerre « *fraîche et joyeuse* » — comme disait autrefois le kronprinz — qui est poursuivie au nom de la civilisation européenne, voici comment un soudard de l'armée de Lyautey comprend la pacification : « *Glorieux vain-*

queur, il s'est fait photographier en plaçant devant lui sur une table deux têtes fraîchement coupées de Marocains insoumis ».

Et maintenant on peut conclure que la colonisation, ainsi que le disait Jules Guesde : « *c'est le vol, c'est le pillage, c'est le meurtre, ce sont des crimes commis contre de paisibles populations pour le profit d'une poignée de capitalistes avides de gains* ».

Bien entendu, qu'il s'agisse des capitalistes français ou espagnols, les méthodes barbares sont les mêmes, et un historien espagnol célèbre, Antonio Azpeitua avait bien raison de qualifier cette domination féroce des impérialistes « *d'ensemencement funeste du fanatisme et de la haine* ».

Les événements récents et actuels démontrent combien il a été clairvoyant!

Comment Lyautey a préparé la guerre contre le Rif

Pendant les premières semaines du déclanchement de la guerre contre les Rifains, presque toute la presse et le gouvernement lui-même affirmèrent qu'Abd el Krim avait attaqué par surprise les troupes françaises sur le territoire du protectorat et que celles-ci se défendaient et se bornaient à rejeter les Rifains sur leur propre territoire.

La vérité était tout autre; les déclarations des gouvernements actuels, du maréchal Lyautey, des anciens ministres et présidents du Conseil, ainsi que certains documents d'ordre privé, permirent de faire la preuve que Lyautey, en accord avec les gouvernements qui se succédèrent depuis la fin de la guerre, avait préparé l'offensive contre les Rifains, et que, par conséquent, il n'avait pas été surpris du tout.

C'est sous le gouvernement de Poincaré que fut décidée l'occupation du nord de la vallée de l'Ouergha; ce fut Maginot, alors ministre de la Guerre qui en transmit l'ordre au maréchal Lyautey dans les premiers jours de mai 1924.

Cette région se trouvait dans la zone dite « dissidente » qui avoisine la frontière « hypothétique » qui sépare le Maroc français du Maroc espagnol. Elle était occupée par des tribus non soumises, dont la plus importante était celle des Beni-Zéroual.

D'ailleurs, on ne s'est pas préoccupé de savoir si oui ou non on avait le droit d'accaparer cette région; le motif qui primait tout, *c'est qu'elle avait une valeur stratégique pour la lutte éventuelle contre les Rifains.*

Le journal *L'Information Financière,* sous la plume de Léon Baréty, député, président du groupe parlementaire du Maroc-Tunisie (?) et membre du conseil d'administration de la Banque de Paris et des Pays-Bas, a écrit depuis :

Sur la rive droite de l'Ouergha, les conventions diplomatiques n'ont pas attribué de limites précises aux zones française et espagnole. Cependant, aux termes des traités, nous étions *en droit de revendiquer* entre le coude de la rivière et les confins du territoire d'Ouezzan, toutes les « *tribus riveraines* ». (sic)

Pour revendiquer ce droit, on a tout bonnement pris « l'initiative » d'occuper la région.

Poincaré s'est réclamé de cette « initiative » que Painlevé a ensuite légitimée à la tribune de la Chambre, en déclarant « *que nous avions le droit d'établir nos postes au nord de la rivière de l'Ouergha, car il était de notre intérêt de prendre des garanties contre la menace d'une attaque rifaine* » (sic).

Dans une lettre privée (1) *écrite par le chef de cabinet civil de Lyautey, M. Vatin-Pérignon,* et qui est tombée providentiellement entre les mains du Parti communiste français, on trouve l'aveu de la préméditation dans ces lignes : « C'est pourquoi, en mai 1924, *alors qu'Abd el Krim, trop occupé avec les Espagnols, ne pouvait réagir,* Lyautey a voulu constituer au nord de Fez, point vital et but probable de l'envahisseur, un front stratégiquement meilleur que celui que nous offrait la rive sud de l'Ouergha. En mai 1924, ce front a été constitué sans coup férir sur une ligne stratégique, sorte de « Hauts-de-Meuse » marocains, au nord de l'Ouergha ».

Constituée « sans coup férir » n'est pas très exact si on se reporte aux déclarations de M. Bidou, citées plus haut. Il est vrai que quelques centaines de tués ne comptent pas pour les officiers de carrière, qui ont l'habitude d'en faire massacrer des milliers et des milliers!

Une fois installé sur les « Hauts-de-Meuse » de l'Ouergha, Lyautey entreprit de les fortifier, ainsi que toute la zone qui avoisinait la frontière « hypothétique » du Rif. Il sema celle-ci de nombreux blockhaus placés en face de chaque tribu dissidente et organisa la liaison entre tous les postes en faisant construire des routes, des ponts, des chemins de fer à voie étroite.

Là encore pas de contestation possible, M. Vatin-Pérignon, dans sa précieuse lettre, écrit : « Depuis mai

(1) Voir dans les annexes la lettre *in extenso*, page 125.

1924, ce front a été renforcé et relié à l'arrière par un système de routes, de ponts et voies ferrées. Ce front était, au point de vue fortification, constitué par une série de postes (blockhaus) s'appuyant les uns les autres ».

Il ressort clairement de toutes ces affirmations que les gouvernants et Lyautey savaient très bien qu'en poussant le front français au nord de l'Ouergha, il déterminerait de la part d'Abd el Krim une riposte d'autant plus certaine que les tribus de cette zone nous étaient hostiles.

« Lyautey se préparait à un moment où Abd el Krim ne pouvait pas réagir », écrit son chef de cabinet, Vatin-Pérignon, mais son ambition était encore plus grande s'il faut en croire certains bruits : *il avait rêvé de poursuivre la conquête du Rif que Primo de Rivera, chassé, déclarait ne plus devoir intéresser l'Espagne.*

Les mines du Rif ont sans doute exercé sur Lyautey la même influence mauvaise que sur le général espagnol Sylvestre, qui, on se souvient, se fit écraser par Abd el Krim pour avoir voulu en faire la conquête.

Quoi qu'il en soit, la preuve est faite que, dès mai 1924, Lyautey préparait le front marocain. Plus de cinquante blockhaus (voir carte des opérations militaires) installés qui réalisaient le blocus du Rif et empêchaient les Rifains de venir s'approvisionner en céréales dans les riches vallées de l'Ouergha. En même temps, la soumission des tribus de cette zone était poursuivie; celles qu'on ne pouvait pas corrompre par les honneurs et l'argent étaient impitoyablement décimées et massacrées, comme en font foi les télégrammes du colonel Colombat, commandant la région, qui ont été cités plus haut. Enfin, quand on jugeait que les tribus soumises étaient assez sûres, on les armait de fusils, on les enrégimentait pour les dresser, le cas échéant, contre les tribus insoumises ou les troupes d'Abd el Krim. Ainsi la puissante tribu des Beni-Zéroual, qui avait reçu des armes de Lyautey, passa au dernier moment du côté d'Abd el Krim, retournant ses fusils contre les Français.

Lyautey préparait si bien « *sa* » guerre, *c'est-à-dire celle des banquiers et des profiteurs du Maroc,* qu'il repoussa toutes les propositions de paix qui lui furent faites par Abd el Krim. « *On ne négocie pas avec un rebelle* », déclarait-il hautainement!

A la veille même des hostilités — premiers mois de 1925 — le chef rifain déclarait : « Nous voulons le Rif et rien de plus. *Avec la France, je ne veux que la paix...* La France est la reine de l'Islam (?)... J'ai manifesté, sans jamais me décourager, mon désir d'entente avec la France... Je ne doute pas qu'une formule que je puisse accepter soit trouvée ». Voilà qui était net, si on excepte l'appréciation flatteuse sur la France reine de l'Islam!

Au même moment, le *Temps*, journal « officieux » du gouvernement, écrivait : « Il serait désirable que, cette année, le corps d'occupation soit renforcé de manière à pouvoir, d'une part, *faire face à Abd el Krim* et, de l'autre, reprendre dans la « tache » de Taza et dans le sud du moyen Atlas les opérations qui étaient prévues et auxquelles il a fallu malheureusement renoncer (*sic*). Souvenons-nous du vieil adage : « Au Maroc, pas de situation stationnaire : qui n'avance pas recule ». *C'est sans doute pour cela que Lyautey avança son front d'une vingtaine de kilomètres, en le portant au nord de l'Ouergha!*

Non seulement le front du Rif avait été minutieusement préparé et était prêt, mais à l'arrière, les troupes de renfort et le matériel étaient également prévus. C'est encore M. Vatin-Pérignon qui nous informe dans sa lettre au neveu de Lyautey : « *Ces renforts étaient prévus et prêts,* soit en Algérie, soit en France. C'est là un secret de mobilisation générale que l'on n'avait pas, qu'on n'a pas à révéler : premier échelon, Algérie; deuxième échelon, France. Ces deux échelons restaient dans leurs garnisons. Pourquoi les entasser au Maroc, avec toutes les dépenses que cela représente, si l'éventualité en vue de laquelle ils étaient prévus ne se réalisait pas? Le dispositif fortifié des postes, celui des groupes mobiles casernés au Maroc devaient permettre à ces deux échelons d'arriver à pied d'œuvre en temps utile ».

Est-ce assez clair? Tout avait été prévu pour l'offensive! D'ailleurs, Vatin-Pérignon s'indigne qu'on ait pu parler d'une surprise. « Maintenant qu'on est renseigné, dit-il, qu'on n'aille plus « dauber » (mot argot qui signifie crier à tort et à travers) sur la surprise, l'imprévoyance, sur le service de renseignements et les postes de 1924 ».

D'ailleurs, pourquoi se gêner? déclarait M. Léon Baréty, le mandataire de la Banque de Paris et des Pays-Bas, devant une conférence de la Société des Etudes Algériennes, qui se tint à Paris, le 11 décembre 1924 — « au moment où l'Angleterre se trouve très préoccupée de ce qui se passe en Egypte — *l'heure semble propice pour régler ces questions marocaines dans des conditions favorables. Avant de nous installer au Maroc espagnol,* il faut une préparation diplomatique qui consiste à démontrer à l'Espagne qu'elle ne peut plus remplir les charges qui lui incombaient par l'effet de la convention de 1912 ». Et le sénateur Gasser, membre du Conseil Supérieur des colonies, assistant à cette conférence, ajoutait : « Nous sommes autorisés à aller où nous voulons. *Nous n'avons fait que déléguer à l'Espagne une partie de notre zone d'influence en vertu du protectorat que nous exerçons* ».

Ainsi, non seulement la préparation militaire pour l'offensive contre Abd el Krim est nettement établie, mais le but à atteindre est fixé *dès le mois de décembre, c'est-à-dire cinq mois avant les hostilités.* D'ici là, comme cela est également prévu, la préparation diplomatique et la préparation idéologique de l'opinion publique, « *du front parisien* » , comme dit M. Vatin-Pérignon, sera faite pour que la guerre soit acceptée et menée jusqu'au bout, jusqu'à la victoire!

Avant de passer à l'examen du déclanchement de la guerre et de sa conduite, voyons un peu ce qu'est la République du Rif et son chef Abd el Krim.

La lutte contre l'Islam

On a essayé d'accréditer dans l'opinion publique qu'il ne s'agit pas seulement d'une guerre coloniale dans le but d'accaparer et d'exploiter les richesses du sol et du sous-sol, mais aussi, et d'après le maréchal Lyautey lui-même, d'une bataille entre races, d'une guerre contre l'Islam. Il a déclaré en effet « *qu'il fallait faire triompher l'Europe contre l'Afrique et le Christ, contre Mahomet* ». En dehors du caractère grandiloquent d'une telle affirmation, il y a l'intention qu'elle révèle et les desseins qu'elle cache.

De son côté, Painlevé, non moins grandiloquent, a dit: « La France est une nation civilisée... Le gouvernement fera tout son devoir... *Il s'agit d'une lutte de l'Europe civilisée contre une tentative de l'Orient...* L'Europe, c'est la civilisation; craignons que s'étende sur elle un noir linceul. »

Le président du Conseil de 1917, le jusqu'auboutiste de la guerre impérialiste de 1914-1918, peut parler de la civilisation de la France et de l'Europe! Mais passons!

Depuis le déchaînement de la guerre du Maroc, une ardente campagne est menée contre l'Islam qui démontre bien la somme d'impérialisme qui se cache derrière la phraséologie chrétienne. C'est le très religieux *Echo de Paris* qui écrit : « *C'en est fait de la chrétienté* si on laisse se développer au Maroc le ferment de cette peste (le communisme), plus contagieuse que tout autre et plus destructive ». *L'Eclair* complète : « On nous dit qu'il faut faire la paix avec Abd el Krim parce qu'il apparaît dans l'Islam comme le champion de cet Islam contre le monde chrétien. *C'est précisément parce qu'Abd el Krim est le champion qui s'oppose au monde chrétien, qu'il ne faut pas lui donner la moindre apparence de succès* ». Enfin, le journal l'*Avenir,* organe du Comité des Forges, se fait l'interprète de l'opinion unanime de la presse réactionnaire qu'*il faut battre Abd el Krim parce qu'il se présente comme le champion de l'Islam* et affirme que : « Si la France ne répond pas rapidement et victorieusement à Abd el Krim, elle risque de perdre d'abord le Maroc et ensuite l'Algérie et la Tunisie, c'est-à-dire tout « son empire » musulman, sous la poussée d'un Islam réveillé et fanatisé ».

Ce n'est pas la première fois que le christianisme couvre les pires entreprises de brigandage colonial et le rôle des fameux missionnaires a été bien souvent de les préparer sous le couvert de la pénétration de la civilisation. Mais que Lyautey en appelle à la guerre sainte des derniers « croisés » du Christ contre Mahomet, dans le but de faire triompher l'Europe contre l'Afrique et la civilisation chrétienne contre la barbarie musulmane, c'est tromper sciemment l'opinion publique et masquer le sinistre rôle qu'il joue au profit des gros banquiers et des gros industriels, dont la seule religion est le coffre-fort.

Les tenants actuels de la religion chrétienne — dont le général chef fasciste de Castelnau est un des plus beaux échantillons — grands prêcheurs de l'extermination totale « du boche » pendant la guerre de 1914-1918, et grands prêcheurs de l'extermination complète des Rifains, présentement, *sont certainement plus sauvages et plus sanguinaires que les peuples coloniaux musulmans dont ils se sont plu à vanter et à dénaturer les exploits pendant la grande tuerie mondiale.*

Rétablissons la vérité en citant l'opinion d'un bourgeois.

Le docteur Samué-Bey, dans son livre *La France au Maroc*, a écrit :

> Le Coran ne s'oppose pas au progrès moderne. L'arabe est un humain et un intellectuel. Les Musulmans sont capables d'une civilisation raffinée. *L'Islam est la seule religion vraiment démocratique, le véritable socialisme rêvé par les théoriciens.*

Dans tous les cas, la loi de guerre musulmane est autrement « humaine » que celle des prétendus civilisés : *Il est interdit de tirer sur les femmes, les enfants, les vieillards et, en général, sur tous ceux qui en pays ennemis ne portent pas d'armes. Les combattants ennemis qui tournent le dos ne doivent pas être abattus, car c'est signe qu'ils prennent la fuite. On ne doit pas tirer sur les laboureurs même ennemis et capables de porter les armes, car ils sont indispensables à la nourriture de tous. Il est interdit de tuer le bétail sans raison, de couper les arbres ou d'abattre les maisons, et l'iman Aouzai a prescrit que même les églises des chrétiens devaient être épargnées.*

Ces sauvages de Marocains pourraient donner des leçons de civilisation aux colonisateurs et colons qui se servent du fanatisme religieux de leurs esclaves indigènes pour les exploiter et les asservir un peu plus.

Tous les moyens sont donc bons pour les impérialistes pour faire la conquête de nouvelles colonies et de nouveaux esclaves, et s'ils agitent le spectre de l'Islam réveillé et fanatisé, c'est pour l'abattre avant qu'il ne devienne une menace sérieuse.

Nul doute que par suite des exactions, des violences et

des crimes perpétrés par les impérialistes, les peuples de l'Islam, et d'ailleurs tous les opprimés de toutes les colonies se soulèvent pour obtenir leur indépendance, leur droit de vivre et de se gouverner à leur guise. C'est l'histoire de demain...

Ce qu'est la « République du Rif » !
Ce que sont les Rifains !

(*Voir carte des opérations militaires, page* 9)

La République du Rif est une région très montagneuse qui s'étend sur 150 kilomètres de front sur la mer Méditerranée et sur 50 kilomètres en profondeur dans les terres au nord du Maroc. Elle est habitée par une douzaine de tribus dont une des plus importantes est celle des Beni-Ouriaguel, qui est depuis des siècles sous la domination de la dynastie des Abd el Krim.

La population totale est d'environ 3 millions d'habitants, en majorité de race berbère. La capitale est *Adjir*, petite ville située au fond de la baie d'Alhucemas, sur la Méditerranée.

Le Rif est organisé sur le modèle des Etats démocratiques. Abd el Krim a le titre d'*Amir*, c'est-à-dire de Président du Rif. Chaque tribu a à sa tête une *douma* qui est élue par l'ensemble des habitants.

Le pouvoir exécutif appartient à un Conseil des ministres jui siège à la capitale, Adjir.

Le pouvoir législatif est confié à une assemblée de 80 députés (Nouhabs), élus directement par les tribus, et qui siège également à Adjir. Ses décisions ont force de loi et doivent être appliquées par le Conseil des ministres.

A la tête de chaque tribu, il y a un « caïd » et un « cheikh » à la tête des fractions de tribus. Celui-ci est assisté par une assemblée locale élue au suffrage universel. Les « caïds » sont contrôlés par six délégués choisis et responsables devant le ministre de l'Intérieur.

La justice est rendue par le caïd dans chaque tribu;

1° Les « *Gharibas* » (taxe par tête) payés par tous, sauf par les indigents et les blessés de guerre;
appel des jugements peut être fait à Adjir.

Les impôts sont annuels et de deux catégories :

2° Le « *Tijane-el-Abbès* », véritable impôt sur le revenu qui prélève, en espèces ou en nature, 5 % des revenus.

Enfin le service militaire est obligatoire pour tous les hommes valides, de 18 à 50 ans.

Les Rifains font déjà depuis longtemps du commerce avec l'Espagne en exportant des volailles, des œufs, des légumes et des bestiaux. Chaque année, environ 20.000 Rifains partent faire la moisson en Algérie. Si l'exploitation des richesses du sous-sol n'a pas été poursuivie systématiquement, c'est que les Rifains ont été roulés déjà plusieurs fois par les capitalistes : d'abord par les frères Manesmann que la défaite de l'Allemagne évinça du Maroc, ensuite par les Espagnols en la personne du général Sylvestre qui, voulant s'emparer *militairement* des mines, empêcha la conclusion d'un accord à l'amiable avec un groupe de financiers espagnols.

Un journaliste américain, M. Scoot Mowrer, dit des Rifains ceci :

> Sur la côte sauvage de l'Afrique du Nord, j'ai trouvé un peuple musulman de souche blanche à peu près pure et primitif à l'extrême; bien qu'isolé depuis des siècles de l'Europe à laquelle il appartient ethniquement, il possède la force d'énergie et la ténacité des blancs.

D'autre part, toute la presse française s'est accordée à dire que les Rifains étaient travailleurs et économes et aptes à comprendre les avantages de la civilisation européenne.

Ce que sont les Abd el Krim

On ne peut mieux donner l'histoire de ce chef des Rifains qu'en la reprenant parmi les écrits des journalistes bourgeois.

Le vieil Abd el Krim fit élever ses fils : l'aîné Mohamed, l'actuel chef des Rifains, et le cadet Mahmed, l'actuel généralissime, à l'européenne. *Mohamed* fit ses études à Fez, puis il fut envoyé à Melilla, ou devenu « Cadi », il exerçait la profession de rédacteur du journal *El Telegramma del Rif*. En 1915, le général espagnol, Jordana, haut commissaire, le fit emprisonner parce que trop compromettant. Il resta incarcéré pendant onze mois au fort de Cabrerizas, à Mélilla, et s'évada. Mahmed fut envoyé à Malaga (Espagne) pour y faire ses études. Il passa son baccalauréat; il se rendit à Madrid à l'école des mines d'où il sortit ingénieur. Au moment où son frère s'évada — 1916 — il revint à Adjir et y resta.

Il est reconnu que depuis des siècles les Abd el Krim ont exercé un prestige très grand sur tout le Maroc. Les deux têtes actuelles, Mohamed et Mahmed, ne sont pas deux *sauvages pillards* comme les représentent la presse bourgeoise, mais deux hommes cultivés, l'un a suivi les grandes écoles françaises et espagnoles, l'autre est ingénieur de l'école des Mines de Madrid.

Le journaliste américain Scoot Mowrer traçait le portrait suivant d'Abd el Krim :

Il y a à la tête de ce peuple un homme d'intelligence pratique et claire : c'est un organisateur et un chef.

Il exerce un pouvoir absolu. L'immense prestige dont il jouit est fondé à la fois sur ses succès militaires, ses qualités d'administrateur et d'organisateur et les vastes plans selon lesquels il entend moderniser le pays. Il agit dans l'isolement et le silence. Une légende mystique, fort propice à ses desseins, se forme peu à peu autour de lui. Il rêve d'un empire illimité. Il a fait régner l'ordre et la loi. Les discordes sanglantes entre familles et villages qui, de temps immémorial, désolaient le Rif, ont pris fin. La sécurité des personnes, des biens et des communications est assurée. La justice est prompte et cruelle. Abd el Krim a créé ou est en train de créer un despotisme musulman, mais cependant moderne. Il projette des chemins de fer, des tramways, des mines, de hautes et élégantes maisons. Les vingt ou trente habitations de pierre et de boue qui composent Adjir aujourd'hui seront remplacées par une grande et belle ville « comme Londres et New-York ». Et il a transmis cette vision à son peuple, qui ne parle à son tour que des machines et des inventions merveilleuses dont il disposera dès que l'indépendance sera conquise.

Dès maintenant, le moindre élément de matériel de guerre enlevé aux Espagnols est trié, emmagasiné et utilisé. Six ou sept lignes téléphoniques principales, constituées avec les fils des postes espagnols, relient les frontières à la capitale. On pourrait presque dire que le téléphone est plus largement utilisé par les autorités officielles dans le Rif sauvage que dans certains pays d'Europe. On se sert de machines à écrire dans l'édifice du gouvernement à Adjir. Le sultan possède deux automobiles et un canot à vapeur. Il fait construire une route qui traversera tout le pays.

Ses troupes sont armées de fusils pris aux Espagnols; les munitions paraissent abondantes. Après chaque bombardement aérien, les enfants ramassent dans des paniers les balles de shrapnell espagnoles, ces projectiles sont placés avec une charge de dynamite dans les vieilles boîtes de conserves espagnoles. C'est ainsi que les Rifains fabriquent leurs grenades à main.

C'est un chapitre nouveau dans l'histoire de l'Afrique contemporaine. Une grande expérience de gouvernement primitif vient de commencer; bien hardi celui qui entreprendrait de prédire combien de temps elle durera ou comment elle finira.

LES FRÈRES ABD EL KRIM

MAHMED *Généralissime* — MOHAMED *Chef des Rifains*

Voilà qui détruit pas mal de légendes inventées pour les besoins de la cause capitaliste.

M. Scoot Mowrer affirme que tout le matériel de guerre d'Abd el Krim provient de ce qui a été enlevé aux Espagnols; or, il est certain qu'une grande quantité d'armes et de munitions ont été achetées par les Rifains en Angleterre et en France. Quand le député communiste français Berthon déclara à la tribune de la Chambre des députés que des fabricants d'armes connus avaient livré des commandes à Abd el Krim, le gouvernement évita d'entrer dans le fond du sujet et se garda bien de proposer une commission d'enquête.

Dans la *Revue Economique et Parlementaire* M. Robert Raymond a écrit :

> Les Rifains détiennent aujourd'hui environ 40.000 fusils à tir rapide et des munitions abondantes. Jamais problème colonial ne s'est posé dans des termes aussi sérieux, car la valeur des Rifains, *dont le courage admirable, la sobriété, l'astuce et l'adresse en font des soldats incomparables, les premiers peut-être du monde, quand ils combattent sur leur propre terrain.*

D'autre part, le journal *L'Echo de Paris*, bien informé, déclarait dernièrement :

> Les Rifains et dissidents sont également décidés à mourir plutôt qu'à reculer. Ils tiennent sous tous les plus puissants bombardements, d'autant plus qu'ils ont le sentiment très net de leur nombre, *car Abd el Krim dispose de* 80.000 *hommes.*

Voilà des renseignements et des témoignages qui émanent des milieux bourgeois qui ont préparé et qui poussent à la guerre à outrance. Ils constituent autant d'hommages à ce vaillant peuple et à ses chefs qui luttent pour l'indépendance de leur pays du joug des étrangers. *Pour cette lutte, il y a de bons chefs et de bons soldats qui sont en nombre important et bien armés,* voilà la constatation qui est faite par les impérialismes ou par leurs serviteurs.

Donnons, pour conclure ce chapitre, l'appréciation du chef du gouvernement français, Painlevé, faite à son retour de voyage au Maroc : « Par suite de l'aide qui lui a été donnée par différentes nations musulmanes, en particulier par la Turquie et par les achats qu'il a pu faire avec les fonds qu'il a touchés pour le rachat des prisonniers espagnols, *Abd el Krim s'est trouvé en mesure de faire figure de grand chef dans l'Islam* et de soulever l'enthousiasme des fanatiques dans les régions les plus diverses du monde musulman ».

M. Painlevé, grand patriote de l'arrière, qui accuse les communistes d'être des traîtres parce qu'ils n'hurlent pas à la tuerie avec les loups impérialistes, ne peut évidemment pas tolérer le patriotisme rifain. Ce qui en France est une vertu, un haut sentiment du devoir et de l'honneur, est considéré chez les Rifains *comme du fanatisme et de la barbarie.*

L'usinier français qui fabrique des engins de mort et s'enrichit à milliards est un grand patriote, qu'on décore de la Légion d'honneur; le Rifain qui, pour son idéal, pour son indépendance, lutte comme un lion, est un sauvage, un fanatique qu'on égorge sans pitié et dont on expose la tête pour l'exemple...

Répondons en deux mots à M. Painlevé que le patriotisme bourgeois ne sert qu'à couvrir les méfaits et les crimes de l'impérialisme, tandis que le fanatisme musulman, c'est toute l'histoire d'un peuple, d'une race, qui lutte pour son indépendance, pour son droit à disposer de son pays.

La guerre contre les Rifains n'est que le premier épisode de la lutte que poursuivent les impérialistes contre une race qu'ils ont réussi à asservir et qu'ils veulent maintenir sous leur joug pour l'exploiter davantage et grossir encore leurs intérêts.

Mais nous y reviendrons plus loin. Examinons maintenant comment la guerre a été déclanchée et quelle a été l'attitude du Bloc des Gauches et des social-démocrates qui soutiennent ce gouvernement.

Le commencement de la guerre

Vers la fin du mois d'avril on apprenait par la presse, et en particulier par un article très documenté du *Petit Journal*, que la guerre faisait rage dans la région de l'Ouergha toute proche du Rif, où, disait-on, les postes français avaient été attaqués par surprise par les Rifains.

Le 28 avril, l'agence Havas communiquait à la presse une information en provenance de Rabat qui indiquait « que des mesures sérieuses étaient prises dans le but de rétablir les tribus qui venaient de subir la pression des bandes rifaines, *que les troupes de réserve du Maroc étaient arrivées à destination et que celles de renfort fournies par l'Algérie étaient en cours de débarquement et s'acheminaient vers leurs emplacements* ».

Cette importante information ne fut ni démentie, ni

confirmée par le gouvernement Painlevé qui continua à rester muet pendant toute la semaine qui suivit.

Le 2 mai, la presse passait la note suivante, qu'elle disait lui être communiquée :

Contrairement aux nouvelles mises en circulation dans la presse étrangère, il n'est nullement dans les intentions du gouvernement français, à l'occasion des incidents survenus dans la zone française du Maroc, d'exercer une action de représailles dans la zone espagnole *et de donner ainsi aux opérations engagées contre les Rifains un caractère international.*

L'action militaire entamée par le maréchal Lyautey à une vingtaine de kilomètres de la frontière, n'a d'autre but que de dégager certains postes avancés et de punir les révoltés.

Or, le même jour, la presse passait également l'étrange information suivante émanant du *Chicago Tribune :*

Le *Chicago Tribune* écrit que les préparatifs en vue d'une offensive combinée franco-espagnole contre les Rifains sont à peu près terminés et que les opérations commenceront incessamment. Les opérations françaises sur l'Ouergha coïncideront avec un débarquement des Espagnols sur la côte rifaine en face d'Alhucemas, dans le but de s'emparer d'Adjir le quartier général d'Abd el Krim.

La flotte espagnole protégera le débarquement en bombardant les positions des Rifains au moyen d'obus à gaz.

Abd el Krim se verra contraint de diviser ses forces pour faire face aux Français et aux Espagnols, et l'on pense que dans ces conditions la prise d'Adjir doit pouvoir s'effectuer sans grandes difficultés.

L'affirmation du *Chicago Tribune* était fondée. En effet, peu de jours avant, les journaux espagnols avaient parlé d'un plan d'opérations sur Alhucemas (Rif) qui avait été dressé par Lyautey et remis à Primo de Rivera pour que celui-ci le soumette à l'appréciation du roi. *Ce plan prévoyait une action simultanée des troupes françaises et espagnoles.*

Les mêmes journaux affirmaient que les propositions françaises avaient été écartées en raison des négociations engagées avec Abd el Krim par l'Espagne. D'autre part, Primo de Rivera, dans un discours prononcé à Séville au même moment, affirmait « que ni maintenant, ni jamais, l'Espagne ne pourrait avoir d'avenir économique en Afrique, *et qu'il serait par conséquent insensé d'y dépenser l'or de la patrie et le sang de ses enfants* ».

Il n'y a pas de doute qu'avant les hostilités une pression ait été exercée sur l'Espagne en vue de la faire participer à la guerre contre les Rifains. Cette pression avait même dû revêtir le caractère d'une menace, puisque Primo de Rivera avait cru devoir répondre de la façon suivante : « Quant aux engagements internationaux, j'affirme que nous les remplissons loyalement et honnêtement. Il serait par conséquent étrange que nous fussions l'objet de violences quelconques de la part de qui que ce soit. Nous ne le supporterions d'ailleurs point ».

Toutes ces informations qui donnaient le véritable caractère de la guerre que la France entendait faire à Abd el Krim, parvenaient en même temps que les laconiques communiqués du « front » marocain adressés par Lyautey.

Enfin, le 3 mai, le gouvernement qui avait déclaré « *manquer d'information* », sortait de son mutisme, et dans un communiqué affirmait « *que les opérations en cours au Maroc étaient purement défensives et destinées à protéger le protectorat français* ».

Il est facile de démontrer par l'enchaînement des faits déjà cités : 1° occupation du nord de l'Ouergha et soumission des tribus par la force; 2° installation de blockhaus le long de la zone insoumise, réalisant ainsi le blocus du Rif; 3° refus de traiter avec Abd el Krim, faits auxquels viennent s'ajouter ces tractations secrètes avec l'Espagne, *que le gouvernement Painlevé mentait cyniquement au peuple, en affirmant que nous avions été attaqués et que nous nous maintenions sur la défensive.*

En réalité, la guerre préparée successivement par les gouvernements Poincaré, Herriot et Painlevé, en accord avec le résident Lyautey, se déclanchait selon un plan établi; *la seule chose non prévue, c'est qu'Abd el Krim, flairant le danger, avait avancé l'heure des hostilités.*

En occupant et en fortifiant cette vallée fertile en céréales de l'Ouergha, *sans laquelle les Rifains ne peuvent pas vivre*, Lyautey préparait le *guet-apens* dans lequel il pensait que les Rifains allaient tomber le jour où, poussés par la famine, ils chercheraient à se ravitailler.

Lyautey avait soumis les tribus de cette région par la force et la terreur. Abd el Krim les regagna par la persuasion et aussi par la force en frappant les chefs qui avaient trahi en s'alliant aux impérialistes.

Les tribus soumises et armées par nous — telles les Béni-Zéroual — qui devaient être utilisées pour anéantir les troupes d'Abd el Krim, se retournèrent contre les troupes de Lyautey, et les blockhaus, bientôt isolés et cernés devinrent d'immenses cercueils.

Le guet-apens était éventé et le blocus rompu. Les troupes d'Abd el Krim attaqués par les colonnes mobiles qui voulaient reconquérir le terrain perdu, bousculaient celles-ci et menaçaient même Fez.

La guerre devenait en effet « défensive » à partir de cet instant, en raison de ce que les Rifains refoulaient les troupes françaises, *mais l'initiative de l'offensive contre le Rif reste toujours et malgré tout à Lyautey, qui avait préparé méthodiquement et minutieusement cette guerre et qui pensait la déclancher à son heure.*

Les mensonges de paix du Bloc des Gauches et les trahisons des social-démocrates S. F. I. O.

Le Bloc des Gauches, qui est au pouvoir depuis le 11 mai 1924, triompha grâce à son programme de paix entre les peuples.

Pendant son règne, Herriot, soutenu par les social-démocrates, ne cessa de faire un grand tapage « pacifiste » en annonçant chaque semaine qu'il réaliserait la paix universelle.

D'abord à Londres, où il discuta de l'application du plan Dawes (qui devait asservir la classe ouvrière allemande), il « *causa* » du désarmement et de la paix. Bien qu'il revînt à cette époque les mains vides de solutions pacifiques, mais au contraire avec une solution de force qui était le maintien de l'occupation de la Ruhr, il sut donner à ses paroles un tel accent « *de volonté de paix* », qu'à son retour la foule enthousiaste le porta en triomphe, et que l'opinion publique vit en lui un Wilson de qualité supérieure.

Ensuite à Genève, où il défendit le fameux protocole qui devait empêcher le retour de la guerre, malgré le fiasco complet de cette conférence internationale, il sut encore, par des phrases aussi ronflantes que creuses et des « *gestes symboliques* » développer davantage l'illusion qu'il était l'homme de la paix et que son gouvernement la désirait.

Mais, en même temps, dans l'ombre des ministères, dans la nuit des chancelleries, il préparait la guerre du Maroc en accord avec Lyautey, continuant en cela la politique impérialiste du Bloc National. Il a d'ailleurs « patriotiquement » avoué dans un discours retentissant cette double politique *qui consiste à préparer la guerre en déclarant vouloir la paix,* en revendiquant « l'honneur pour son gouvernement d'avoir — étant informé par le maréchal Lyautey — prévu l'offensive rifaine *et pris toutes mesures pour y parer* ». Son successeur Painlevé a confirmé ses affirmations patriotardes en déclarant : « qu'il n'avait fait que continuer la politique marocaine de son prédécesseur et que les événements qui se déroulaient *découlaient des mesures qui avaient été prises par Herriot.* »

Six mois s'écoulèrent; la guerre préparée par Poincaré et Herriot, en accord avec Painlevé, sévissait sur le front du Rif. Les gouvernements trouvèrent de nouvelles formules pacifiques, ils les diffusèrent pour tromper l'opinion publique et lui faire accepter la nouvelle tuerie et sa continuation jusqu'à la victoire.

La presse pourrie, toujours prête aux plus sales besognes pourvu qu'elles soient bien payées, a pu continuer et accentuer son « bourrage de crânes », grâce aux renseignements contenus dans les *lettres-synthèses* qui étaient adressées de la résidence de Lyautey par Vatin-Pérignon, grâce aussi à la *poignée de journalistes bien orientés* qui se trouvaient à Fez, et que Vatin-Pérignon avait bien en main.

Le « front » marocain a d'abord alimenté en nouvelles fabriquées « le front parisien », il ne restait qu'à y ajouter « les *commentaires opportuns* ». Pour cette besogne on s'est assuré ces « Messieurs » de la presse, qui fabriquent l'opinion publique; c'est ce que recommandait Vatin-Pérignon au neveu de Lyautey en lui écrivant : « Charge-toi de Romier (du *Figaro* et de la *Journée Industrielle*), de Bainville (de la *Liberté* et de l'*Action Fran-*

çaise), de Simon (de l'*Echo de Paris*). Que des Messieurs comme eux donnent l'exemple aux « freluquets » (journalistes sans mérite). Ce n'est pas le moment de « giberner » (discuter sans raison). C'est celui de se taire et de tenir. *Leur effort doit tendre à faire sortir la question rifaine du domaine politique pour le replacer sur le plan national* ».

C'est vers ce dernier but que les efforts du gouvernement Painlevé ont également tendu. Il continua d'affirmer qu'il ne voulait pas la guerre et qu'il se défendait contre l'attaque subite d'Abd el Krim, en ajoutant toutefois, *que dès que celui-ci serait repoussé dans son territoire du Rif, la guerre serait terminée.*

Alors toute la presse soudoyée commença à parler du respect de *notre territoire*, du maintien de « *notre* » *ligne frontière* déterminée par les traités internationaux et de la nécessité de poursuivre la guerre jusqu'à l'évacuation par Abd el Krim de « *notre* » *protectorat marocain.*

Il n'avait pas encore été question, du moins officiellement, de cette ligne frontière séparant le protectorat espagnol et le protectorat français; tout le monde admettait que celle-ci était tout à fait « hypothétique ». Le but inavoué du gouvernement allait être *de faire durer la guerre sous le prétexte de défendre et maintenir la ligne frontière du protectorat.* (Rappelons que depuis l'ouverture des hostilités l'*Europe Nouvelle*, revue de gauche, a écrit « *que c'était une ligne tracée sur le papier, et rien de plus* »; l'*Eclair*, journal réactionnaire, a affirmé « *qu'il n'y a pas de frontière au sens économique et international du mot au Maroc* »; le *Matin*, journal domestique de la bourgeoisie, a déclaré « *que l'enjeu de la guerre était la région de l'Ouergha, à cheval sur* « *l'hypothétique* », *frontière tracée entre la France et l'Espagne en* 1912 »; enfin, le *Temps* lui-même, tout récemment en parlant de la conférence hispano-française, disait « que celle-ci serait amenée à envisager *la question de la délimitation exacte* entre la zone française et la zone espagnole ». Ainsi, d'après le *Temps*, il n'était même plus question de la délimitation de la frontière du Rif, avec lequel on déclarait vouloir la paix, mais de la frontière franco-espagnole.

Si on se base sur ces affirmations, Painlevé a déchaîné la guerre pour défendre un territoire *dont il ne connaît même pas la limite.* Il a déclaré vouloir la paix à la condition qu'Abd el Krim se retire au delà d'une frontière *qui n'existe pas.* Enfin il a affirmé vouloir traiter avec les Rifains à condition qu'ils acceptent cette « hypothétique » frontière, mais en même temps il s'entendait avec l'Espagne, chassée du Rif, pour en faire la délimitation exacte. Comprenne qui pourra! C'est d'ailleurs à dessein qu'on a embrouillé les choses pour mieux tromper l'opinion!

Mais ce mensonge de la paix *conditionnée* au respect d'une frontière inexistante était trop grossier pour tromper longtemps l'opinion publique, et il a fallu inventer autre chose.

Là se place le voyage effectué par Malvy en Espagne, dans le but avoué de rechercher un terrain d'entente, pour empêcher la contrebande des armes vers le Rif. Par un communiqué officiel on informait « qu'on profitait des hautes et amicales relations que celui-ci avait nouées au cours de son exil pour réaliser un accord entre les deux pays ».

Au retour de Malvy, le gouvernement se borna à donner un communiqué qui indiquait entre les lignes que le secret serait gardé sur le résultat de cette démarche. Mais la presse « mangea le morceau ». La *Petite Gironde* publia l'information suivante :

Madrid, 26 mai. — *Dans les milieux officiels et diplomatiques on confirmait lundi soir qu'un accord franco-espagnol avait été réalisé à Madrid par M. Malvy et qu'il comportait notamment l'autorisation pour les troupes françaises de pénétrer, le cas échéant, dans la zone espagnole.*

Le *Petit Journal*, très bien informé, publia le compte rendu suivant du Conseil des ministres, qui lui avait été confié — écrivait-il — par un membre même du gouvernement :

Nous sommes aisément arrivés à un accord avec l'Espagne *afin de pouvoir poursuivre les forces ennemies au delà de la ligne « idéale » que représente notre frontière avec le Rif.* Faute de cette élémentaire précaution, on risque en effet de permettre aux Rifains de se reformer, de se réapprovisionner et de recommencer indéfiniment leur dangereuse incursion. Les laisser faire, sous prétexte de respecter les délimitations, que les Rifains sont les premiers à ne pas reconnaître, serait nous exposer bien légèrement à de nouvelles surprises qui se traduiraient par des pertes qu'il est de notre devoir d'éviter à tout prix. *Voilà pourquoi le blocus de la côte rifaine est également une mesure de sauvegarde qui s'impose.*

C'était clair et précis!

Et le réactionnaire *Eclair* apportait cette conclusion qui, mot pour mot, ressemblait à l'étrange information de la *Chicago Tribune* publiée le 2 mai et citée plus haut.

La côte du Maroc est facilement abordable, toutefois sans accord avec les Espagnols nous ne pouvons y faire aucune opération; mais d'accord avec eux nous pouvons au contraire *y opérer un débarquement et déloger rapidement Abd el Krim qui est à peine à 5 kilomètres au sud de la baie d'Alhucemas.*

Un débarquement sur cette côte nord nous permettrait de bloquer les rebelles dans leurs montagnes.

Mécontent de ces révélations par trop compromettantes, le gouvernement apporta un faible démenti; mais trois semaines plus tard, à la suite d'un voyage en avion que Painlevé fit au Maroc, avec escale en Espagne, le Président du Conseil annonçait « *que les marines française et espagnole avaient déjà commencé à collaborer à une surveillance étroite du littoral du Rif, et cela à la suite d'un accord intervenu entre les deux pays* ».

Ainsi, l'offensive combinée franco-espagnole contre les Rifains était réalisée. Elle se réalisait comme l'avait annoncé préventivement l'étrange information de la *Chicago Tribune*, qui n'était certes pas étrangère à certains groupes financiers intéressés au Maroc et à Lyautey lui-même, cela en dépit de tous les démentis de Painlevé et de Primo de Rivera.

La guerre *défensive* prenait clairement et définitivement l'allure d'une guerre à outrance, de « *blocus jusqu'au bout* », pour reprendre la fameuse formule de la tuerie de 1914 à 1918.

Faisons observer que là encore M. Vatin-Pérignon posait très bien la question dans sa précieuse lettre : « ou bien il traitera (Abd el Krim), mais qu'est-ce que cela vaudra pour l'avenir? Ou bien il continuera à nous attaquer, *et c'est la guerre perpétuelle!* Ou bien nous pourrons aller chez lui, d'accord avec les autres puissances, et c'est une grosse affaire! »

En catimini devant les commissions de la Chambre, *d'où on avait exclu les députés communistes,* Painlevé répondit aux angoisses de M. Vatin-Pérignon en faisant le tableau suivant du front marocain et des perspectives. C'est l'indiscret journaliste Jules Sauerwein qui le reproduisit dans le *Matin :*

Abd el Krim est déjà bloqué sur le front nord par notre organisation défensive; il va être, d'ici peu, complètement bloqué sur les côtes du Rif; devant la zone internationale de Tanger, les troupes espagnoles montent la garde; à l'est, sur les confins algériens, nous sommes maîtres des moyens de communication. En conséquence, il est possible, sans courir l'aventure d'une offensive de grande envergure dans les montagnes du Rif, de mettre, d'ici quelques mois, Abd el Krim hors d'état de continuer les hostilités. L'entente avec l'Espagne, que l'on escompte comme le résultat assuré de négociations actives à Madrid, facilitera sans aucun doute le blocus général de la région du Rif.

Le gouvernement essaya de tenir toutes ces tractations secrètes. Il les présenta à l'opinion publique en les camouflant sous de nouvelles phrases de « pacifisme » et de « volonté de paix ». La plus typique de ces phrases sonores est certainement celle qui fait patriotiquement tressaillir toute la Chambre, des royalistes jusqu'aux social-démocrates : « *Si la France est en guerre aujourd'hui, elle n'a pour demain d'autres buts que des buts de paix* » (sic).

Ce qui peut se traduire ainsi : « *Si la France fait la guerre, c'est qu'elle n'a pas pu maintenir la paix!* » M. de la Palisse n'aurait pas trouvé mieux!

En vérité, la France des banquiers, des marchands de canons et munitions, gouvernée par le « Bloc des Gauches » formé de démocrates et de social-démocrates, faisait la guerre au Maroc pour agrandir *son empire colonial* et pour trouver des débouchés pour son industrie et ses capitaux.

M. Vatin-Pérignon n'hésitait pas à décerner un brevet à ces bons français démocrates et social-démocrates dans les termes suivants : « Il est un point bien certain : c'est que le maréchal Lyautey est entièrement, effectivement et matériellement d'accord avec le gouvernement, et que ce dernier *fait tout ce qu'il faut, tout ce qu'il doit.* Le devoir de tous les bons Français qui n'oublient pas que nous jouons l'avenir du Maroc, c'est-à-dire notre avenir méditerranéen : Algérie, Tunisie, *c'est de le soutenir à fond* ».

C'était l'invite à tous les réactionnaires du « Bloc National » de soutenir à fond Painlevé. Cela se comprend, puisqu'en fait le « Bloc des Gauches », tout comme le « Bloc National », poursuivait les mêmes buts impérialistes et que les chefs social-démocrates qui soutenaient ce bloc s'associaient complètement à cette politique.

Le rôle de ces derniers — au cours de ces événements, mérite un examen particulier que nous allons faire maintenant en examinant le « jeu » parlementaire du gouvernement.

Les chefs social-démocrates chauvins trahissent comme en 1914

Pendant la durée du ministère Herriot, les chefs social-démocrates vantèrent l'action pacifiste du gouvernement et se livrèrent à autant de « *gestes symboliques de paix* » que Herriot lui-même.

Ce « bourrage de crânes » intensif leur permit de voter les crédits de guerre, et en particulier ceux nécessaires pour le maintien de l'occupation de la Ruhr. Ils pratiquèrent leur politique de soutien sans restriction et *ils préparèrent la guerre avec Herriot, de la même façon qu'ils la soutinrent avec Painlevé.*

Ils ont essayé depuis de nier leur complicité avec Herriot dans la politique marocaine, de ruser pour dégager leurs responsabilités; mais l'impitoyable Vatin-Pérignon a, là encore, mis les choses au point en écrivant : « *Quant aux personnalités Herriot, Boncour, la liaison est assurée, Blum est au courant par Berthelot* (1), *et cette liaison ne peut que se resserrer* ».

---

(1) Berthelot, l'actuel secrétaire général aux Affaires étrangères, qui fut compromis et condamné dans l'affaire de la Banque Industrielle de Chine, et qui a été réhabilité il y a peu de temps grâce à l'appui de son chef, Briand.

Pour masquer leur trahison, ils feignirent d'abord d'être ignorants de ce qui se passait au Maroc et demandèrent à « *connaître la vérité* ». Ils essayèrent aussi d'innocenter Herriot en rejetant habilement les responsabilités sur Lyautey et sur Painlevé. Ce dernier démasqua leur démagogie qui prenait l'allure d'une manœuvre politique destinée à faire tomber son ministère en répondant « *qu'il n'avait fait que continuer la politique de Herriot et que c'était à lui qu'il fallait s'adresser pour connaître la vérité.* »

Ils comprirent alors que Painlevé était aussi bien renseigné que Vatin-Pérignon sur leurs compromissions gouvernementales et aussi décidé que lui à les rappeler aux engagements et aux responsabilités qu'ils avaient pris en pratiquant la politique de soutien.

Continuer à présenter comme un pacifiste Herriot, *qui avait préparé la guerre du Rif et qui s'en faisait honneur,* devenait difficile tout autant que de manœuvrer contre le gouvernement Painlevé qui se transformait, comme sous Clemenceau, en un *ministère de défense nationale!*

Il fallait ou immédiatement rompre, ou battre en retraite et participer à la nouvelle union sacrée pour la guerre jusqu'au bout!

Ils choisirent d'abord la deuxième solution. Leur leader Renaudel, qui avait annoncé à grand renfort de publicité, dans le journal *Le Quotidien* son intention d'interpeller le gouvernement sur le Maroc, demanda l'ajournement *sine die* de celle-ci. Puis le groupe parlementaire socialiste décida de se mettre préalablement d'accord avec les autres groupes politiques du Bloc des Gauches dans le but *de présenter en commun un ordre du jour de confiance au gouvernement.*

La résistance toute de façade des chefs socialistes, destinée surtout à tromper les masses laborieuses, allait se terminer par une simple prière au gouvernement; les chefs socialistes décidèrent en effet de continuer à accorder leur confiance et à pratiquer leur politique de soutien au gouvernement, *en lui demandant d'affirmer que l'annexion du Rif ne serait pas envisagée, et que les moyens de faire cesser le conflit seraient le plus rapidement possible recherchés.*

Dans ces phrases creuses que Pierre Renaudel, au nom du groupe socialiste parlementaire, prononça à la tribune de la Chambre, il n'était pas question de paix immédiate et d'évacuation du Maroc, mesures que tout socialise encore digne de ce nom devait réclamer. La trahison des chefs socialistes s'avérait complète.

Avant même de « *connaître la vérité sur le Maroc* » qu'ils avaient réclamée pendant plusieurs jours avec insistance, avant que Painlevé se fût expliqué à la tribune de la Chambre, ils élaborèrent en commun, avec les autres groupes politiques du Bloc des Gauches, et ils acceptèrent un ordre du jour chauvin et jusqu'auboutiste dans lequel on se déclarait « décidé à assurer la sécurité de nos troupes, des territoires et des tribus placés sous notre protectorat par les traités internationaux, et à faire confiance au gouvernement pour réaliser, *dans ces conditions, et dès qu'elles seraient remplies, la paix au Maroc* ».

Tous les députés, des socialistes aux royalistes, à l'exception des députés communistes, votèrent avec enthousiasme cet ordre du jour, qui, en termes clairs, voulait dire *que la guerre se continuerait tant que les troupes d'Abd el Krim ne seraient pas chassées de l'autre côté de la frontière — qu'on savait n'exister que sur le papier — et tant que les tribus ayant fait cause commune avec Abd el Krim ne seraient pas exterminées.*

Les chefs socialistes acceptèrent cela et ils eurent le cynisme d'ajouter, par la plume de Pierre Bertrand, du *Quotidien* : « *Les Rifains nous ont attaqués. Nous nous sommes défendus. Nous ne saurions rejeter les Rifains dans le Rif et nous contenter de prendre la garde en attendant la prochaine agression* ». Ce qui voulait dire : nous soutiendrons la guerre tant qu'il le faudra, jusqu'à l'extermination des Rifains! Et Pierre Bertrand concluait : « *C'est parce qu'ils ont confiance dans les déclarations du chef du gouvernement* que les cartellistes s'expriment avec la réserve, la mesure, la modération que l'on a remarquées dans le discours de Pierre Renaudel ».

La démocratique *Ere Nouvelle*, journal de l'entente des gauches, se réjouissait de cette union en écrivant : « Le fait que M. Renaudel (socialiste) et M. Paul Morel (radical) aient pu trouver une formule commune, indique suffisamment que le cartel *n'est pas contre la patrie* et qu'au contraire il sait concilier les nécessités de la discipline des partis *avec celle de la discipline nationale* ».

En effet, « la formule » qui allait permettre de continuer la guerre jusqu'à la victoire avait été trouvée par le cartel et acceptée par les chefs socialistes *au nom de la discipline nationale.* C'est toujours au nom de cette discipline d'union sacrée que plus tard certains chefs socialistes devaient voter la censure contre le député communiste Doriot, qui leur jetait à la face et à celle du gouvernement leurs criminelles responsabilités dans la guerre du Maroc.

Mais les chefs socialistes ne furent pas les seuls à avoir cette attitude d'union sacrée, les chefs syndicalistes de la C. G. T. réformiste adoptèrent la même attitude. Jouhaux défendit le gouvernement en affirmant « *qu'il s'était trouvé devant une situation de fait, dont on ne pouvait ignorer les dangers* », puis il dénonçait la presse réactionnaire qui, disait-il « *continuait à prolonger la légende d'une France aventureuse et militariste cherchant des coups et assoiffée de nouvelles conquêtes* ». Enfin, comme ses amis politiques, les chefs socialistes, il faisait confiance au triumvirat Painlevé-Caillaux-Briand pour rétablir la paix.

La commission administrative de la C. G. T. réformiste alla même plus loin; dans un manifeste publié dans le *Peuple* du 27 mai (1) elle chicanait le droit à Abd el Krim de se présenter comme le défenseur des Marocains opprimés : « *En se refusant* (*la C. G. T.*) *de considérer que le fait d'être un chef guerrier confère le titre de représentant de tout un peuple historiquement et constamment livré au pillage et au droit du plus fort...* »

Les chefs de la C. G. T. réformiste préféraient livrer le peuple marocain tout entier au pillage des impérialistes français et au droit du plus fort exercé par les soudards militaires du type de Lyautey.

Dans le même manifeste, elle expliquait cette belle civilisation poursuivie par les impérialistes dans les colo-

(1) Voir ce manifeste aux annexes, page 129.

nies par le fer et par le feu de la façon suivante : « *La C. G. T. précise que la seule mission qui peut honorer une nation c'est d'éveiller un autre peuple aux idées de progrès, de le grandir dans la justice, dans la liberté et le mieux-être et l'aider ainsi à travailler à sa propre libération (sic) contre toutes les forces de violence, de conquête et de domination* » (*resic*).

Les chefs de la C. G. T. réformiste écrivaient ces mots d'un cynisme révoltant au moment précis où, au Maroc, par la volonté des impérialistes, on s'égorgeait de part et d'autre, où les bombes des avions commençaient à incendier les « gourbis » et à tuer les femmes et les enfants. Et leur laïus chauvin se terminait tout bonnement par une invite au gouvernement « *à rechercher des solutions de paix.* »

Pendant que les « chefs » socialistes pataugeaient dans l'impasse de la politique de soutien, les chefs syndicalistes réformistes continuaient leur politique d'union sacrée. Jouhaux, délégué du gouvernement français à la Société des Nations, allait à Genève palabrer en compagnie des impérialistes de toutes les nations, *à une Conférence pour le contrôle de la fabrication et du trafic des armements, cela au moment où les soldats français et rifains s'entretuaient au Maroc.* A son retour, il avouait le fiasco de cette conférence et l'impuissance complète de la Société des Nations, c'est-à-dire de la collaboration internationale du capital et du travail pour rechercher la paix. Le lendemain même il pénétrait dans une nouvelle entreprise nationale de collaboration du capital et du travail appelée « *Conseil National Economique* », présidée par Painlevé. Là *Jouhaux* était désigné à l'unanimité vice-président de ce Conseil aux côtés de *Robert Pinot,* également vice-président et délégué du *Comité des Forges.* Ses collaborateurs *Million* et *Lenoir,* secrétaires de la C. G. T. réformiste, étaient appelés à siéger à la commission permanente aux côtés de MM. *Peyerhimoff,* président du Comité central des houillères; *Fougères,* président de la Fédération de la Soie; *Javary,* président de l'Assemblée des grands réseaux de chemins de fer; *Pradel,* président des Chambres de Commerce de France.

Cette assemblée « select » applaudissait unanimement le discours d'ouverture de Painlevé qui, dans un passage, *affirmait que le gouvernement poursuivait, sur le terrain économique, la réalisation de la paix!*

M. Jouhaux qui, pour tromper les ouvriers réformistes, critiquait dans son journal *Le Peuple* ce qu'il appelait « *l'indésirable aventure marocaine* », et qui menaçait de lâcher le gouvernement, « *aidait celui-ci à réaliser la paix véritable à l'intérieur (sic) comme à l'extérieur, paix qui ne peut reposer que sur un équilibre rationnel des forces économiques et sociales* », ainsi que le demandait Painlevé dans ce discours.

Ainsi, à côté de sa participation à la *Société des Nations* et au *Bureau International du Travail*, Jouhaux était également embauché dans l'appareil national de collaboration et de compromission avec le capitalisme qu'est le « *Conseil National Economique* », *et cela en pleine guerre impérialiste du Maroc*. Il fut un temps où les chefs réformistes avaient la pudeur de démissionner des organismes de collaboration de classe, quand une lutte s'engageait entre le prolétariat et le capitalisme; aujourd'hui, au contraire, ils pénètrent dans ces organismes en pleine guerre impérialiste et au moment de la plus féroce répression du gouvernement contre la classe ouvrière.

Les gouvernants ont en eux de bons domestiques pour les aider à poursuivre leur politique chauvine et réactionnaire.

Les chefs socialistes et syndicalistes réformistes, qui s'étaient montrés au déchaînement de la guerre mondiale de 1914 patriotes jusqu'auboutistes, qui avaient, aux côtés des impérialistes, proclamé la patrie en danger et fait l'union sacrée avec la bourgeoisie, se retrouvèrent encore unis en 1925 dans la trahison du prolétariat.

Ils utilisèrent, comme en 1914, les mêmes arguments démocratiques et chauvins, pour tromper les travailleurs et leur faire accepter la guerre du Maroc, puis celle de Syrie, foyers d'une nouvelle guerre mondiale.

Leurs attaques contre les communistes, qui, seuls, demandaient la *paix immédiate et sans conditions avec Abd el Krim, l'évacuation du Maroc* et, pour hâter cette solution, *la fraternisation des soldats français et rifains,* étaient aussi venimeuses que celles des pires réactionnaires. Painlevé accusait les communistes de trahison en affirmant qu'ils étaient en liaison avec Abd el Krim, les social-démocrates applaudissaient Painlevé; ils allaient même encore plus loin; un de leurs journaux, le *Combat Social,* publiait, à la date du 10 *mai,* l'infect factum suivant :

> Le communisme c'est la guerre, c'est le meurtre, c'est l'assassinat. En France les communistes soutiennent les Marocains, que leurs agents soudoyés par Moscou soulèvent. Les Marocains du Rif ont aujourd'hui un arsenal d'armes : des canons, des mitrailleuses, des fusils, des munitions, en quantité. *Où les ont-ils pris? sinon en Russie!* La IIIe Internationale fomente des révoltes partout, dans les colonies : en Egypte, aux Indes, en Tunisie, au Maroc. Ceux qui tombent là-bas ce sont de petits soldats de France. Pères et mères de famille, vous ne permettrez pas que vos fils soient victimes de la propagande odieuse du Parti communiste.

Voilà les saletés écrites par les chefs social-démocrates pour tromper les masses ouvrières, les dresser contre la Russie des Soviets et aider toute la réaction à poursuivre « *sa* » guerre tout en poursuivant les communistes pour trahison. Non seulement ils trahissaient, mais aux côtés de tous les chauvins et enragés patriotards du « Bloc des Gauches » et du « Bloc National », *ils accusaient, le 10 mai,* c'est-à-dire avant que ne le fassent les réactionnaires, *les communistes d'être des traîtres!*

Leur attitude leur valut les félicitations des impérialistes. Le député François Poncet, représentant du Comité des Forges, qui les invitait à réaliser « *l'unité fondamentale du patriotisme français* », les complimenta par la suite pour leur participation *au vote national pour la guerre.* Le réactionnaire *Journal des Débats* s'applaudissait que « l'union se soit faite à propos d'une question nationale », il se réjouissait « *que le communisme apparaisse comme isolé dans sa révolte contre la nation* », et concluait « *que le gouvernement avait avec lui toute la nation* ».

La réaction rendait ainsi un juste hommage à la trahison social-démocrate!

Après le voyage de Painlevé au Maroc, et à la suite des déclarations belliqueuses qu'il fit à la tribune de la Chambre, le groupe parlementaire socialiste se coupa en deux; les uns voulaient continuer malgré tout la politique de soutien, les autres étaient partisans de l'interrompre. Au vote de confiance pour le gouvernement, la majorité des social-démocrates (60) votèrent pour, 40 s'abstinrent et 2 votèrent même avec les communistes.

Ainsi, même au moment où le gouvernement jouait cartes sur table et exprimait sa volonté de poursuivre la guerre, avec les socialistes s'ils s'inclinaient devant les *nécessités nationales* (lisons nécessités impérialistes) et sans eux s'ils ne comprenaient pas ces nécessités, les chefs socialistes étaient à ce point compromis et liés avec les blocs bourgeois qu'ils votèrent la confiance ou s'abstinrent, ce qui n'est pas plus courageux.

Une fois de plus, la presse réactionnaire constatait le patriotisme des chefs social-démocrates, et le journal de M. Colrat, collaborateur de Poincaré, faisait observer *« que les fermes propos de M. Painlevé avaient été vigoureusement applaudis par MM. Blum, Paul Boncour et Auriol. »*

Commencement de la désagrégation du Bloc des Gauches

« L'évolution » forcée des chefs socialistes au Parlement

Sous la poussée des ouvriers socialistes, les chefs socialistes parlementaires assistèrent à la naissance et au développement d'une opposition de gauche au sein de leur parti qui, bientôt, gagna la majorité à son point de vue de la cessation de la politique de soutien.

D'autre part, un certain nombre d'ouvriers socialistes et socialisants les abandonnèrent écœurés par leur politique d'union sacrée.

Alors, après avoir, par la ruse et le mensonge, manœuvré pour conserver leurs troupes électorales, les chefs socialistes menacèrent de rompre avec le gouvernement, parce qu'ils sentaient que ces troupes « fichaient le camp » en assez grand nombre pour aller s'allier aux communistes ou aux syndicalistes rouges. Enfin, parce qu'au sein même de leur parti ils couraient le risque d'être désavoués.

D'abord, le gouvernement manœuvra pour les garder dans sa majorité, *ou plutôt dans la patriotique et unanime « union sacrée », qui s'était formée à la Chambre pour faire la guerre aux Rifains.*

Painlevé avait besoin des chefs socialistes pour mener à bien sa guerre, comme il avait besoin des réactionnaires pour mener à bien les projets financiers de son collaborateur Caillaux.

Pour la guerre du Maroc, les chefs socialistes lui étaient utiles en raison de l'influence qu'ils exerçaient encore sur les masses ouvrières et sur les couches moyennes et petites-bourgeoises. Il en avait besoin aussi pour démontrer à Abd el Krim et aux impérialistes voisins que les communistes « traîtres » restaient isolés, que l'opposition à la guerre ne grandissait pas et que l'opinion publique française était toujours avec le Gouvernement.

Mais Painlevé avait également besoin du « Bloc National » pour réaliser sa politique financière. Il est démontré depuis longtemps qu'un Etat démocratique, même bon teint, ne peut pas gouverner sans le concours des rois de la finance et de l'industrie, en raison de ce que ceux-ci sont les maîtres du marché, des banques et de la Bourse, et que la plus belle République démocratique est toujours sous leur domination directe ou indirecte. Painlevé pouvait d'autant moins se passer des rois de la finance que le franc baissait lamentablement.

Painlevé flirtait donc avec la réaction en même temps qu'il lançait des appels pathétiques aux chefs socialistes pour les maintenir malgré tout dans l'union sacrée : « Quand les soldats meurent pour défendre les intérêts de la France, elle doit rester unie pour accomplir sa mission civilisatrice... Les représentants de la classe ouvrière n'ont pas le droit d'abandonner le Gouvernement dans une telle situation... » s'écriait-il!

Malgré ces appels, les chefs socialistes se divisèrent dans un premier vote, puis s'abstinrent sur les projets financiers de Caillaux et se trouvèrent remplacés par un nombre égal de voix de députés de droite. *Le Cartel des Gauches commençait à se disloquer du fait que le gouvernement obtenait une majorité accrue avec les voix réactionnaires.*

En réalité, le cabinet Painlevé qui, dès sa création était orienté vers une concentration républicaine, trouvait sa véritable majorité, celle que représentait les membres composant le Gouvernement.

D'ailleurs Painlevé, à son retour du Maroc, avait déclaré devant l'Assemblée des Commissions de la Chambre : « le Gouvernement continuera à s'acquitter de ses devoirs *aussi longtemps que les deux Chambres lui donneront une majorité et sans tenir compte de l'attitude des différents groupes,* estimant que ce serait faillir à son devoir que de laisser se produire une crise ministérielle qui serait capable de nuire à la bonne conduite des opérations ».

Voilà qui était clair ! Aussi clair que la majorité du gouvernement Painlevé se trouvait à droite, malgré les affirmations du *Quotidien* qui affirmait peu avant, *que Painlevé ne rechercherait pas du côté de la droite l'appoint des voix que la gauche pourrait lui refuser !* Il était démontré que Painlevé les avait recherchées et trouvées à la veille même des vacances parlementaires, pour poursuivre pendant celles-ci, sa politique chauvine en toute sécurité.

Le *Temps* écrivait alors : « la question se trouve être la ligne de partage entre ceux qui ont le souci des intérêts nationaux et ceux qui les négligent. Il faut être avec les communistes contre la France, ou contre les communistes avec la France. Les socialistes ne savent pas choisir et ne savent pas ce qu'ils veulent ».

Le *Temps* était vraiment trop ingrat. Les chefs socialistes n'avaient cependant pas hésité. Au premier vote national, ils avaient été avec la France impérialiste contre les communistes. Ils auraient bien voulu continuer, mais leurs électeurs, leurs adhérents ouvriers et paysans, qui payaient, souffraient de la guerre et s'y faisaient tuer, en décidaient autrement ; ils se prononçaient de plus en plus contre la politique de soutien de leurs chefs socialistes, pour *la paix immédiate avec le Rif et contre le gouvernement Painlevé qui prolongeait la guerre.*

Les chefs socialistes firent alors machine en arrière, ils n'abandonnèrent pas immédiatement leur politique de soutien, ce n'est que par la suite, quand ils y furent contraints par leurs adhérents qu'ils s'y résignèrent.

La guerre à outrance... jusqu'au bout !

Pendant que les social-démocrates délibéraient la guerre se continuait, une grande offensive se préparait.

Le grave *Temps* donnait lui-même le ton en écrivant : « Ceux qui parlent avec une inconcevable légèreté de faire la paix avec Abd el Krim *avant qu'il soit définitivement vaincu,* et rejeté dans son repaire, ne réfléchissent pas aux conséquences qu'aurait une telle politique de faiblesse.

La guerre sera longue écrivait le *Matin,* toujours bien informé, en indiquant « qu'il serait puéril d'imaginer que le refoulement des contingents ennemis au delà des frontières de notre protectorat, marquerait la fin d'une guerre *qui risquait de durer de longues, de très longues années* ».

La guerre sera longue, déclarait toute la presse servile au service des requins de la banque et de l'industrie qui voulaient écraser Abd el Krim ; vaincre l'Islam et surtout accaparer les mines de fer, de zinc, de plomb, etc...

La guerre sera longue, rapportait la commission d'enquête parlementaire au Maroc, qui demandait d'envoyer à Lyautey des renforts importants afin de déclancher avant l'hiver une sérieuse offensive pour battre Abd el Krim le plus rapidement possible.

La guerre sera longue affirmaient les gouvernants et les soudards militaires qui annonçaient cette grande offensive, et qui organisaient en attendant, un rigoureux blocus par terre et par mer.

Tout cela complétait les déclarations du ministre des Affaires étrangères Briand, *qui ne voulait pas connaître Abd el Krim, et se proposait de traiter la paix seulement avec le dictateur espagnol Primo de Rivera.* Quant au président du conseil Painlevé, il faisait les déclarations les plus contradictoires : tantôt il affirmait « *que la France ne mettrait pas un pied dans le Rif* », tantôt il déclarait

« *que la France avait le droit de suite, et que, s'il le fallait, les troupes françaises poursuivraient les Rifains chez eux* ». Ces déclarations étaient destinées à satisfaire à la fois la gauche « démocratique » et la droite réactionnaire ; elles démontraient à quel misérable jeu politique se livrait le Gouvernement.

La presse de gauche et notamment le social-démocrate *Quotidien* ne savait plus à quel « *saint-pacifique* » vouer ses lecteurs ! Painlevé devenait trop compromettant, même pour la fausse démocratie représentée par le *Quotidien !*

On essaya d'innocenter Painlevé pour le passé : « *la question marocaine a été pour le gouvernement Painlevé un héritage. Il n'y a aucune responsabilité* (*sic*), affirmait Pierre Bertrand, qui oubliait que Painlevé avait patriotiquement accepté cet héritage de Herriot, qui avait lui-même revendiqué « *l'honneur* » de l'avoir reçu de Poincaré pour en continuer l'exécution ; et Pierre Bertrand harcelait le Gouvernemnt de questions : « Nous demandons, nous voulons savoir... il faut parler clairement..., etc., etc... » écrivait chaque jour en gros titre le *Quotidien.*

Ce petit jeu « d'innocence » faisait très bien pour la galerie populaire ! Dans une certaine mesure, cela servait à couvrir la politique chauvine et patriotarde des démocrates et social-démocrates. C'était une comédie « *Quotidienne* » à l'usage des bons électeurs du « Bloc des Gauches », qui commençaient à comprendre que leurs élus et leurs grands chefs Herriot-Painlevé, avaient beaucoup parlé de paix, sans doute pour mieux préparer la guerre !!!

En fait, la réaction avait fait triompher sa politique coloniale au Maroc et si elle votait pour Painlevé, ce n'était pas par sympathie, mais parce qu'il défendait ses visées impérialistes. Dès le début, la grosse finance et la grosse industrie avaient demandé par le canal de la presse à leur solde « *l'écrasement complet de l'aventurier Abd el Krim par la guerre à outrance et par un blocus complet par terre et par mer* ».

Le Gouvernement avait recherché une entente avec l'Espagne dans ce but et toute la presse s'enthousiasmait à l'idée qu'on allait pouvoir bloquer Abd el Krim dans ses montagnes stériles, sans vivres, sans munitions et sans communications avec le dehors. On déclarait qu'on attendrait alors qu'il fasse des propositions de paix !

D'autre part, pour l'obliger à se soumettre, on préparait à grand renfort de publicité, une première grande offensive et on parlait déjà de l'organisation de la campagne d'hiver, puis d'une autre offensive de grand style... pour le printemps. *Offensives dont le Painlevé de* 1917 *devait avoir le secret !!!*

Pendant qu'hommes et matériel étaient dirigés en toute hâte vers le Maroc, Painlevé continuait à prononcer à la Chambre des discours « *sur la volonté de paix de la France* » et alors que les journaux de gauche comme le *Quotidien* réclamaient « *une manifestation de force éclatante* » pour terminer la guerre.

Fin juillet Abd el Krim faisait tenir au Gouvernement, par l'intermédiaire d'un « *Comité du Rif Anglais* », des propositions de paix qui démontraient que le peuple rifain n'avait toujours eu qu'une volonté : « *vivre en paix et dans l'indépendance pour faire prospérer son pays* ». Ces propositions donnaient la possibilité de conclure un armistice immédiat et de faire la paix à bref délai (1). Bien entendu le Gouvernement qui préparait une grande offensive qui devait être « décisive », repoussait ces propositions parce quelles étaient « *sans indication de provenance* » et immédiatement toute la presse de droite et de gauche les combattait parce que, provenant de « *source incertaine* » (*sic*), elles étaient inacceptables. *Le Peuple* de Jouhaux écrivait : « *Il convient de faire toutes réserves sur le texte qui a été publié. Il ne présente aucune garantie officielle et le Gouvernement n'en a reçu nullement notification* », et l'*Ere Nouvelle* organe du « Bloc des Gauches » surenchérissait : « *Nous hâterons la paix et la fin de tueries inutiles, en semant la terreur chez nos adversaires par de grandes démonstrations d'aviation et de combat. On nous annonce que les tanks sont arrivés à pied d'œuvre. Nous aimerions que l'on nous dise si les avions arrivent là-bas en nombre suffisant...* »

Personne ne voulait plus de la paix et les Chambres

(1) Voir ces propositions de paix aux annexes page 130.

étant parties en vacance, le Gouvernement avait toute licence pour mener « *sa guerre* ».

Cependant les chefs socialistes de plus en plus poussés par leurs troupes, se livraient à des démonstrations en faveur de la paix. Une première conférence internationale socialiste se tint à Paris le 28 juillet 1925.

Elle adopta une résolution (1) qui demandait : 1° Que les conditions de paix arrêtées entre la France et l'Espagne soient communiquées à Abd el Krim. 2° Que les pourparlers comprennent : l'indépendance du Rif, reconnue par l'Espagne et une rectification des frontières — consentie par l'Espagne et la France — en vue de faciliter les arrangements indispensables tant au point de vue du ravitaillement que de l'organisation économique du Rif. 3° La suspension des opérations militaires dès l'ouverture des négociations. 4° L'intervention et l'arbitrage de la Société des Nations.

Malheureusement ces propositions socialistes restaient, comme les soi-disant propositions gouvernementales de paix, inconnues des larges masses laborieuses — car aucune agitation sérieuse n'était faite, aucune action n'était même envisagée par les chefs socialistes pour les faire connaître et triompher. Au contraire, par la presse et la parole, des chefs socialistes ou socialisants de la Ligue des Droits de l'Homme, et entre autres Guernut essayaient de *justifier en droit* l'agression française contre le peuple rifain et de démontrer la nécessité de continuer la guerre; pendant que Painlevé, tout en affirmant « *que ce serait un crime que de se battre une heure de plus qu'il serait nécessaire* », déclarait dans un même discours « *qu'il fallait vaincre au Maroc pour conserver le prestige et l'influence de la France dans le monde* ».

Le 6 août le *Matin* publiait « *d'après des renseignements puisés à source officielle* » les conditions de paix arrêtées par la France et l'Espagne et signifiées à Abd el Krim (2) « *Ce ballon d'essai* » destiné à tâter l'opinion publique, était démenti le même jour par le Gouvernement. Le but de ce document *officiel* était de tromper l'opinion publi-

(1) Voir le texte aux annexes, page 132.
(2) Voir le texte aux annexes, page 133.

que en lui faisant croire que l'on s'occupait de la paix ; et ensuite, par les conditions inacceptables qu'il contenait, d'obliger Abd el Krim à les repousser pour le dénoncer comme le responsable de la continuation de la guerre et entreprendre alors la grande offensive annoncée.

Vers le 10 août un émissaire d'Abd el Krim se présentait au quartier général de Primo de Rivera pour négocier. *Les deux Gouvernements répondirent par une offensive simultanément sur les deux fronts.*

Vers la même époque (15 août) le Parti socialiste tint son Congrès à Paris. Le leader socialiste Léon Blum qui, le 9 juillet à la tribune de la Chambre, s'adressant au Gouvernement au nom du groupe parlementaire socialiste disait : « *Nous déclarons que nous avons confiance dans le Gouvernement sur l'essentiel, c'est-à-dire sur la direction qu'il a donnée, qu'il donne et que, nous en sommes convaincus, il donnera encore aux négociations de paix* », ayant senti le « vent » d'opposition qui soufflait dans les sections socialistes, avait fait une brusque volte-face à la veille même du Congrès et adopté une position « gauche » dans le but de gagner la majorité et de disloquer l'opposition qui s'était groupée autour du journal l'*Etincelle*. Il y réussit d'ailleurs à merveille. Après trois jours de discussion passionnée pour ou contre la politique de soutien du gouvernement Painlevé, et pour ou contre la participation ministérielle, le Congrès examina en quelques heures la question marocaine et adopta « une résolution » (1) qui rappelait celle votée par la Conférence internationale du 28 juillet (citée plus haut) et déclarait : « *qu'il était impossible que les élus législatifs et sénatoriaux s'associent, soit par un vote de crédit, soit par un appel approbatif, à l'imprévoyante politique marocaine du gouvernement actuel* ». Cette résolution attaquait également le Parti communiste « *en dénonçant l'excitation démagogique qui peut conduire des soldats, soit à la fraternisation avec des Rifains, soit à la désertion et qui fait d'eux des victimes à la fois de la discipline du militarisme français et... de la politique étrangère du bolchévisme* » (*sic*).

C'est tout ce que le Congrès socialiste trouvait à répon-

(1) Voir cette résolution aux annexes, page 134.

dre à nos propositions *de front unique contre la guerre du Maroc et celle de Syrie qui commençait.*

Cette deuxième résolution socialiste n'eut pas plus d'écho dans les masses que la première; elle alla enrichir les cartons du secrétariat du parti S. F. I. O.

C'est alors que comme une bombe, parvint « *la lettre d'Abd el Krim au Parlement français* » publiée dans l'*Humanité* du 20 août (1). Cette lettre indiquait que, contrairement aux affirmations des gouvernants, des représentants du Rif, et notamment le frère d'Abd el Krim, avaient eu des conversations ou étaient entrés en relations par personnes interposées avec Painlevé et Poincaré; que Lyautey s'était refusé à répondre aux propositions ou à recevoir les émissaires qui lui avaient été envoyés par Abd el Krim. Elle contenait aussi une proclamation des désirs de paix du peuple rifain et une « *adresse à la nation française pour qu'elle arrête le massacre insensé d'une petite nation qui était résolue à mourir plutôt que de se soumettre.* »

Le même jour, le gouvernement qui déclarait avoir envoyé à Tanger deux agents diplomatiques pour traiter éventuellement avec les émissaires d'Abd el Krim, communiquait la dépêche suivante aux agences : « Deux agents diplomatiques, l'un espagnol, l'autre français, depuis plusieurs semaines se tenaient à Melilla ou à Tanger pour y prendre contact avec les émissaires d'Abd el Krim. Ceux-ci ne s'étant pas présentés, ce qui indique l'attitude intransigeante du chef rifain, les deux fonctionnaires ont reçu l'ordre de rejoindre leur poste habituel. »

Ces deux diplomates, sans doute bien stylés, cherchèrent certainement les émissaires « *éventuels* » d'Abd el Krim avec l'espoir de ne jamais les rencontrer, *c'est ainsi qu'ils ignorèrent qu'un émissaire rifain s'était précisément présenté à l'état-major espagnol de Tétouan pour engager des pourparlers de paix.*

Ce voyage de deux diplomates qui s'étaient arrangés pour ne pas rencontrer les émissaires d'Abd el Krim, avait évidemment pour but de démontrer au grand public « *l'attitude intransigeante du chef rifain* » à la veille de

(1) Voir cette lettre aux annexes, page 135.

la grande offensive que l'on préparait fiévreusement. La lettre à la « *Chambre française des députés* » n'eut aucun écho, les parlementaires étaient en vacance et le gouvernement ne daigna même pas répondre.

Entre temps, le congrès de la IIe Internationale socialiste se tint à Marseille du 22 au 27 août. Il se borna à reprendre la résolution adoptée à la conférence internationale du 28 juillet (1) qui concrètement se bornait à réclamer la paix par l'intervention et l'arbitrage de la Société des Nations. Ainsi les chefs de la social-démocratie sous la pression des ouvriers socialistes et la poussée des masses cartellistes, changeaient de plus en plus de langage et réclamaient la paix avec le Rif en abandonnant, *sur cette question de la guerre*, le gouvernement Painlevé.

La grande offensive était imminente, le ton de la presse et celui des discours des ministres du gouvernement de Painlevé ne laissaient aucun doute à ce sujet. Le « *futur* » gouverneur civil du Maroc, M. Steeg, dans un discours mensonger qu'il prononça le 6 septembre à Libourne, après avoir ressassé tous les couplets du pacifisme précédemment chantés sur tous les tons par les Painlevé, Blum, Renaudel et consorts, justifia, après Guernut, de la « Ligue des Droits de l'Homme », la nécessité de continuer la guerre sous peine de « *ramener au Maroc la sauvagerie des Etats primitifs* ».

L'offensive se déclanchait alors sur les deux fronts. Les Espagnols débarquaient dans la baie d'Alhucemas pendant que les Français attaquaient sur soixante-dix kilomètres de front. Des milliers et des milliers d'ouvriers et de paysans français, espagnols et rifains allaient férocement s'entre-tuer jusqu'à ce que la saison de pluies vînt enfin arrêter les opérations.

A cette heure même où notre armée forte de plus de 100.000 hommes fonçait sur les Rifains, le leader socialiste Paul Boncour pérorait à Genève, devant la Société des Nations, sur l'arbitrage et le désarmement, pendant que Painlevé continuait à parler de paix et de pacifisme!

Cette attaque formidable ne produisit pas les résultats espérés; les Rifains se défendirent avec l'énergie du déses-

(1) Voir cette résolution aux annexes, page 132.

poir tout en continuant à faire des propositions de paix. Fin septembre, *le « Comité anglais du Rif »*, formé d'intermédiaires officieux, sinon officiels d'Abd el Krim, communiquait de nouvelles propositions de paix aux termes desquelles « *si le gouvernement français offrait une autonomie politique et économique complète, en se réservant toutefois, à lui et à l'Espagne, le droit de négocier des traités avec des puissances étrangères, cette offre aurait de très grandes chances d'être acceptée par les Rifains. Etant bien entendu, cependant, que l'autonomie politique signifierait que les Rifains auraient le droit d'avoir leurs forces de police avec leurs propres cadres et que l'autonomie économique leur conférerait le droit d'établir leurs propres douanes indépendantes du contrôle étranger.* »

Cette importante proposition était complétée par une suggestion du « Comité anglais du Rif » de désigner un représentant officiel du gouvernement français pour se rendre auprès d'Abd el Krim, et M. Malvy était même pressenti pour cette mission.

Au même moment, *Si Mahmed,* frère d'Abd el Krim, confirmait au *Daily Express* les propositions de paix; il se déclarait prêt à accepter une médiation étrangère, par l'appel suivant : « *N'y a-t-il personne en Amérique ou en Angleterre, ou ailleurs, parmi les gouvernements des grandes puissances, qui soit prêt à parler de la paix et à convoquer une conférence qui nous donnera la paix et la liberté, et une grande chance de développer nos ressources* ».

Les grandes puissances, qui préparaient Locarno et le pacte d'agression contre la Russie des Soviets, restèrent sourdes et la France répondit en accentuant encore son offensive, en faisant bombarder par ses avions les « douars » et en mitraillant femmes et enfants! On pensait encore, dans les sphères officielles, en finir avant l'hiver et peut être obtenir une solution avant la rentrée des Chambres. Il n'y eut ni l'un ni l'autre!

Au début d'octobre, la camarilla militaire fut obligée d'avouer que l'offensive était arrêtée, qu'il n'y aurait plus de grandes opérations et qu'il fallait préparer les quartiers d'hiver pour remettre cela au printemps. Le « coup de grâce » qui devait abattre Abd el Krim avait raté!

C'est alors que le sénateur américain *Borah*, président de la Commission des Affaires étrangères du Sénat, fit les déclarations importantes, autant qu'inattendues, que voici :

C'est une chose singulièrement tragique que des nations neutres soient empêchées d'élever leur voix en faveur des Rifains. Ce peuple n'a jamais été conquis. Il lutte pour sa vie et pour sa liberté. L'appel d'Abd el Krim m'a vivement impressionné, parce que cet homme me paraît très sincère et ne demandait rien de plus que la justice et le droit pour son peuple de jouir de ses libertés traditionnelles. Je suis d'avis que le gouvernement des Etats-Unis devrait offrir ses bons offices. Si la France les rejette, nous aurons du moins fait ce que nous aurons pu pour mettre fin à ce gaspillage, et c'est la France qui portera seule les responsabilités de la continuation des hostilités...

La plupart des luttes de la prochaine décade seront des soulèvements de peuples *nominalement sujets* qui chercheront à s'affranchir du joug étranger. Quant aux puissances dominantes, elles affirmeront invariablement que ces guerres sont des guerres domestiques chaque fois que des nations neutres offriront leur médiation. De cette façon, les pays neutres seront contraints à l'impuissance jusqu'au moment où leurs propres droits seront violés.

Le gouvernement français se trouvait ainsi démasqué par un homme politique américain important qui, en matière d'impérialisme, était certes un connaisseur. Cela ne rehaussait guère le prestige des prétendus démocrates du « Bloc des Gauches ».

Ceux-ci se sentirent piqués au vif. L'offensive avait échoué, l'hivernage des troupes devait bientôt commencer et on était à la veille de la rentrée des Chambres. Il fallait bien dire quelque chose au pays. Là se place le discours prononcé à Nîmes, le 3 octobre, par Painlevé. Soulignons aussi qu'on était à quelques jours du grand congrès radical qui se tint à Nice et où la politique du Cartel fut fortement discutée.

Ce discours était donc une opération politique. Il fut médiocre au possible. A côté du déballage habituel des responsabilités d'Abd el Krim dans la guerre et la nécessité pour la France de défendre « *son empire colonial* », Painlevé expliqua pourquoi il avait, en compagnie de son compère Primo de Rivera, refusé d'accorder aux Rifains leur indépendance : « *Pour ne pas qu'une autre influence que celle de la France puisse s'exercer auprès des Rifains* ». Piteuse explication!

Enfin, pour la première fois, Painlevé rendit publiques les « conditions de paix » franco-espagnoles (1). Ces propositions avaient bien le caractère d'un ultimatum, comme nous l'avions dénoncé au moment des premières tractations avec l'Espagne. Alors que les Rifains *réclamaient l'indépendance de leur pays,* on continuait à leur *offrir une « autonomie administrative » sous le contrôle policier et douanier des puissances qui se sont partagé le Maroc.* Aucune volonté d'arrêter la guerre ne se manifestait, pas même le désir de causer.

En réalité, les décisions pour la campagne d'hiver étaient déjà prises; on pensait pouvoir « souffler » jusqu'au printemps, vaincre pendant ce temps les difficultés financières qui devenaient de plus en plus angoissantes et recommencer alors la grande « *offensive décisive* ».

Il était déjà plus que probable que ces précisions seraient difficilement réalisables, d'abord en raison de la situation financière qui devenait catastrophique, ensuite parce que l'autre guerre de Syrie prenait une tournure très grave qui nécessitait l'envoi de milliers et milliers de soldats, ainsi que la dépense de centaines de millions.

Le bilan de cette campagne, établi après six mois, à un moment où les troupes campaient dans la boue et subissaient toutes les rigueurs d'une terrible campagne d'hiver, a été fait par un correspondant du *Temps,* M. Robert Poulaine.

Examinant la situation militaire après l'offensive, celui-ci écrivait fin octobre :

Cent soixante mille hommes, vingt escadrilles d'avions, quarante généraux, la moitié au moins de l'armée française et son généralissime se trouvent immobilisés sur les pentes du Rif sans qu'on se demande ce qu'ils y ont fait, font ou feront, sans qu'on s'étonne de les y voir demeurer, quand chaque déclaration officielle annonce que tout est pour le mieux au Maroc, que la situation est rétablie, que la solution est là, tout près, à portée de nos mains tendues pour la cueillir.

---

(1) Voir ces propositions aux annexes, page 138.

Les fruits cueillis cet automne, et dont nous ferons tout à l'heure l'inventaire, sont — sans être négligeables — *hors de proportion avec les sacrifices matériels consentis par leurs bénéficiaires.*

Cela démontrait que le tapage fait par la grande presse était de commande et que les communiqués de victoire publiés étaient aussi mensongers que ceux de la grande guerre.

Et M. Poulaine donnait les précisions suivantes sur nos échecs :

Le 10 septembre enfin, après six semaines de préparation et à moins d'un mois des premières pluies nous étions à la veille de la première offensive préparée par l'état-major de Fez. Celle-ci devait faire tomber tout le territoire et toutes les tribus de l'importante confédération des Beni-Zérouals, soit 8.000 fusils. La manœuvre était simple : deux bras tendus vers le Nord, le gauche partant de Tafian, le droit de Taonnat, devaient, après trois jours de manœuvre, se rejoindre et embrasser tous les territoires ainsi encerclés. Mais à l'état-major de Fez se substitua un état-major plus haut placé qui, préoccupé d'une action dans l'est, rogna tant et tant les moyens du premier *qu'on peut dire aujourd'hui que l'affaire des Beni-Zérouals échoua complètement. Les deux bras ne se rejoignirent pas.*

Le 30 septembre devait partir dans l'est, pour assurer la liaison avec les Espagnols, une masse de 6.000 cavaliers. On lui avait adjoint, après des efforts incalculables, des canons de 145 de marine dont la présence ne s'imposait pas dans un pareil terrain et des avions. Mais la pluie, et surtout la précipitation de l'état-major espagnol qui, 48 heures avant le déclanchement de cette offensive, enlevait aux cavaliers français leur principal objectif, restreignirent singulièrement l'envergure de la manœuvre projetée. *Et c'était la dernière de la campagne de* 1925.

Ainsi, les résultats militaires étaient désastreux, et impitoyable, M. Poulaine soulignait la force d'Abd el Krim:

Territorialement, nous n'occupons pas encore la ligne tenue par nous le 1er avril dernier, puisque les rives de l'Ouergha sont en cours de nettoiement. Militairement, si nous avons refoulé l'ennemi en certains points, si nous lui avons enlevé des armes et des munitions, *nous ne l'avons pas décimé, à la veille de l'hiver, Abd el Krim compte sous ses étendards* 60.000 *fusils, c'est-à-dire* 25.000 *de plus qu'à son entrée en campagne.*

La situation politique était tout aussi mauvaise. Les soumissions annoncées chaque jour n'existaient que dans l'imagination des « faiseurs » de communiqués.

Il est permis d'affirmer *qu'à peine la moitié des tribus de notre zone parties en dissidence ont réintégré leurs villages.* Ces tribus, dont le contrôle est facile à établir, carte en main, en voici l'énumération de l'ouest à l'est, les Rhouna et les Ghezauoa, du nord d'Ouerzzan, sont en dissidence complète; Beni-Mesguilda, un tiers de soumis; Beni-Zéroual un quart de soumis, Ouled Kazem dissidents, Beni-Ouriaghel — ne pas confondre avec les Ouriaghel, tribu originelle d'Abd el Krim — complètement dissidents; Saia, Sless, Mezraoua, Meziat, Rioua, Senhadja, acquis entièrement aux Rifains; Fichtala, Cheraga, Hayana, presque entièrement rentrés; Tsoul, rentrés aux deux tiers; Branes, un tiers seulement, et Metalsa en pourparlers.

M. Poulaine, parlant de la campagne d'hiver nécessaire « *pour reprendre au printemps prochain l'initiative des opérations qui donneront la victoire* » — car il n'abandonnait pas, lui non plus, l'idée de vaincre Abd el Krim — écrivait encore :

A la veille de l'hiver, alors que nos troupes sont occupées à installer les postes dans des conditions atmosphériques défavorables, *alors que le ravitaillement commence à se faire avec difficulté,* l'ennemi, dont les munitions sont encore abondantes, et dont il est impossible ou presque d'empêcher l'approvisionnement en vivres par des infiltrations, *est disposé à harceler les unités des premières lignes, et même à venir assez loin à l'arrière troubler les communications.*

Voilà le bilan qui était fait par un partisan de la guerre; il confirmait tout ce que nous avions dit et prédit sur le développement des opérations. Les nombreuses lettres de soldats que nous recevions nous signalaient la mauvaise nourriture et parfois le manque de nourriture par suite du ravitaillement défectueux, le nombre grandissant de malades par suite des conditions déplorables des installations et des campements qui faisaient que les soldats vivaient dans la boue et subissaient les pluies diluviennes avec des variations de température extrêmement brusques. Ajoutez à cela un service sanitaire insuffisant et incapable d'évacuer rapidement les blessés et malades, en raison du mauvais état des routes et pistes, et vous aurez le tableau exact de cet enfer.

Aussi, au cours de cette campagne d'hiver, l'état d'esprit des troupes était des plus mauvais et causait de graves inquiétudes au commandement. La guerre de guérilla se continuait inlassablement de la part des Rifains. Fin novembre, le correspondant du *Temps* écrivait encore à ce propos :

Il y aurait lieu de prendre les mesures nécessaires pour réduire nos pertes. Elles continuent à être cruelles. Chaque jour sur le front de toutes petites bandes rifaines assaillent nos sentinelles, nos petits postes, ou bien s'infiltrent entre eux, attaquent nos convois, abattent nos isolés; pendant les quatre jours où je suis resté dans la région de Bibane nous avons eu *chaque jour un officier tué. C'est trop.*

Oui, c'était trop; mais pourquoi les gouvernants responsables, qui avaient été saisis à plusieurs reprises de propositions de paix, ne répondaient-ils pas?

« Chaque jour, un officier tué. C'est trop » dit le correspondant du Temps! *C'est que les Rifains savent bien viser!*

Ce qui est trop, ce sont les milliers de soldats qui tombèrent! 10.000, avouaient, en octobre 1925, les gouvernants criminels, qui continuaient la guerre du Maroc et aggravaient celle de Syrie. Bientôt 20.000 si la politique chauvine et impérialiste des requins de la finance et de l'industrie continuait à triompher et à commander aux gouvernants dociles.

***

Décembre 1925

Et maintenant, où va-t-on?

Les gouvernants impuissants et dominés par la crise financière qui va en s'aggravant relèguent les guerres du Maroc et de Syrie au second plan. Elles ont pourtant déjà coûté près de deux milliards et elles seront de plus en plus le gouffre qui accentuera la faillite.

Qu'importe aux requins patriotards de la banque et de l'industrie que l'Etat se ruine, pourvu qu'ils s'enrichissent dans les colonies conquises avec le sang et la sueur des ouvriers!

C'est pour sauver le prestige de la France, affirme toute

cette bande de profiteurs de guerre, et le *Temps*, qui souligne nos échecs et la misère des soldats, peut écrire encore :

Tant que nous ne pourrons pas prendre l'offensive et la mener rigoureusement par tous les moyens en notre pouvoir jusqu'à la destruction absolue des forces d'Abd el Krim et jusqu'à sa reddition, il est indispensable, tout en nous efforçant par une politique habile de dissocier le groupement ennemi, *de travailler au maintien du morol de notre armée du Maroc. C'est l'œuvre la plus immédiate à accomplir.*

Ainsi, on avoue en décembre, après six mois de carnage, que *le moral des soldats français est bas,* et malgré cela, on parle toujours de la guerre jusqu'au bout, « *jusqu'à la destruction d'Abd el Krim* ». Mais si les gouvernants ne veulent pas finir la guerre, les soldats sont bien capables de la faire cesser quand le moral est si bas! Et c'est avec une armée démoralisée qu'on veut battre les Rifains qui défendent leur territoire, leurs biens et leur liberté? *Dans de telles conditions, on va à la défaite; c'est ce que mérite et ce qu'on doit souhaiter à l'impérialisme français qui s'entête à faire massacrer des soldats quand il peut conclure immédiatement la paix.*

Abd el Krim a fait, dans les premiers jours de décembre, de nouvelles propositions de paix, en chargeant M. Gordon Canning « du Comité anglais du Rif » de négocier au nom du gouvernement rifain. Les seules conditions sont : 1° Autonomie du Rif avec soumission en matière religieuse à l'autorité du sultan du Maroc; 2° Fixation de la frontière; 3° Autorisation pour les étrangers d'exploiter les richesses minières du Rif en payant au gouvernement rifain une redevance de 20 %.

Ces propositions sont parfaitement acceptables et dénotent de la part d'Abd el Krim une volonté de faire la paix. Nos jusqu'au-boutistes se tâtent! Les vice-rois de l'Afrique du Nord : Steeg, Violette et Saint, confèrent avec les gouvernants et les gros requins qui se partagent le Maroc. On craint, en cas de refus, des complications d'ordre international.

L'Espagne n'est pas une alliée très sûre en raison de ses difficultés intérieures et du moral excessivement mauvais de son armée.

Bien que les accords de Locarno aient créé un « esprit nouveau » entre les puissances alliées et l'Allemagne et qu'un vent d'optimisme souffle, ce vent a des courants contraires et la girouette diplomatique peut changer très rapidement la face des choses.

Si la France traite avec l'Angleterre, l'Espagne et l'Italie, pour poursuivre sa politique impérialiste en Afrique du Nord en se basant sur les différents traités qui intéressent le Maroc, les profonds antagonismes qui existent entre les puissances alliées ne sont pas disparus, ils peuvent renaître demain.

Les difficultés rencontrées par l'Angleterre dans ses propres colonies : Egypte, Indes, Canada, et ses visées en Syrie sur Mossoul ont certainement incité celle-ci à la conciliation. Sous la garantie que la France ne s'emparera pas du territoire rifain et de ses côtes méditerranéennes et qu'elle respectera l'esprit des traités antérieurs, l'Angleterre s'est déclarée prête à soutenir un accord franco-espagnol contre Abd el Krim. Mais cela ne l'empêche pas d'être inquiète sur les intentions de la France et quand celle-ci fit connaître ses propositions de paix, cela créa un grand émoi à Londres et dans les milieux diplomatiques de plusieurs nations et on parla de convoquer une conférence internationale des puissances signataires du traité d'Algérisas, ainsi que l'Amérique et l'Italie.

Le *droit de suite* réclamé par nos gouvernants, c'est-à-dire la faculté de la pénétration des troupes françaises et de l'installation d'une police française sur le territoire du Rif, est contraire aux vues des puissances qui redoutent une prédominance de la France dans la Méditerranée, et en particulier à l'Angleterre et à l'Italie.

L'Italie, malgré la cordialité des rapports, s'est plainte d'être tenue trop à l'écart des discussions sur les problèmes qui intéressent la balance des forces impérialistes dans la Méditerranée et elle est prête à saisir la première occasion pour marchander à la France la possession de la Tunisie.

L'Allemagne qui est officiellement rentrée dans le concert des grandes nations et qui a été dépouillée de ses colonies par le traité de Versailles, frappe à la porte de la S. D. N. pour obtenir « *un mandat* » sur ses anciennes colonies d'Afrique.

Et voilà l'Amérique qui, par la voix du sénateur Borah, dénonce l'impérialisme français et pronostique le prochain soulèvement des Indes anglaises, pendant qu'elle poursuit activement « *l'américanisation* » du Canada.

Le ciel impérialiste est donc lourd d'orages!

Les guerres du Maroc et de Syrie, les interventions et les intrigues impérialistes en Chine, les soulèvements dans les pays coloniaux, le conflit latent autour de Mossoul et les multiples incidents balkaniques, tous ces petits brasiers épars peuvent allumer une nouvelle guerre mondiale.

Nos gouvernants jouent donc avec le feu en Syrie et au Maroc. *Ils peuvent faire la paix dans ces deux pays s'ils le veulent.* Jusqu'à ce jour, ils ont démontré qu'ils ne le voulaient pas! Ils ont rusé et trompé le peuple, mais maintenant celui-ci commence à voir clair et sa protestation se fait de jour en jour plus puissante.

Le mouvement de « radicalisation » qui s'est effectué au sein du Parti socialiste et qui a obligé les chefs à rompre avec leur politique de collaboration gouvernementale; la poussée à gauche qui s'effectue de plus en plus au sein même des masses du cartel sont deux facteurs qui, avec le mouvement grandissant de protestation contre la guerre, donnent sérieusement à réfléchir aux gouvernants.

S'ils passaient outre une fois de plus, les conséquences pourraient être très graves, tant au point de vue intérieur qu'extérieur.

Examinons maintenant en particulier l'attitude des ouvriers socialistes pendant cette dernière période pour mieux comprendre la poussée à gauche qui s'est produite au sein même des masses du Cartel.

Les ouvriers socialistes contre la guerre

Il faut rendre justice à beaucoup d'ouvriers socialistes et syndicalistes réformistes qui se détachèrent de leurs chefs dès le commencement de la guerre.

C'est ainsi que les grosses unions syndicales réformistes des départements importants, du Rhône, de la Gironde, de la Haute-Garonne et de Meurthe-et-Moselle, se placèrent sur la plate-forme de la politique coloniale adoptée par le Parti socialiste avant guerre. *Elles demandèrent « de déter-*

miner dans les masses populaires un courant d'opposition à la guerre du Maroc ». Bien que leur position manquât de netteté, il n'y a pas de doute que cela contribua à développer l'agitation dans les masses ouvrières.

Dans le journal *Le Réveil Ouvrier,* organe des unions syndicales réformistes des départements de Meurthe-et-Moselle, de la Meuse et des Vosges, le secrétaire de l'Union écrivait :

> Le Gouvernement de cet indolent Painlevé a obéi aux suggestions de Roels (1), des renforts considérables ont été expédiés, ainsi que du matériel de guerre : artillerie à longue portée, avions, gaz asphyxiants, etc... Et c'est au moment où la France participe à la conférence sur le contrôle de la fabrication privée des armements que notre pays se déshonore en faisant acte de belligérant... Que de deuils! que de ruines! *et aussi quelle hypocrisie de la part des dirigeants qui, hier, à Genève, s'affirmaient des pacifistes et préconisaient une politique d'entente entre les peuples.*

Ces lignes reflétaient l'opinion d'un grand nombre d'ouvriers socialistes qui avaient été trompés par les paroles pacifistes et les gestes « symboliques de paix » du gouvernement Herriot, et qui étaient rappelés brutalement à la réalité par la guerre du Maroc.

Certaines sections et fédérations socialistes rappelaient à leurs chefs les résolutions des congrès d'avant guerre sur la question coloniale et notamment celle adoptée par le congrès de Nancy en 1907 contre l'expédition marocaine, ainsi conçue :

> Considérant que le parti socialiste n'a jamais cessé de dénoncer les flibustiers et les brigandages coloniaux comme des crimes inhérents au régime capitaliste à la recherche de nouveaux débouchés pour des produits volés à leurs producteurs.
>
> Que la politique coloniale de la France capitaliste n'a pas même pu avoir comme prétexte le développement nécessaire de la production nationale n'ayant pour objet que l'exportation des chasseurs de sinécures, que le prolétariat paie de son sang et de son travail.
>
> *Flétrit avec la dernière énergie la nouvelle expédition coloniale au Maroc du gouvernement de la bourgeoisie dite radi-*

(1) Roels, type d'impérialiste parfait, hollandais d'origine, commanditaire du journal *Le Temps,* et qui dirige aussi l'agence des Balkans.

cale ou démocratique et proteste contre les actes de barbarie commis à Casablanca par le gouvernement de l'ancien adversaire de la politique coloniale, le tombeur de Jules Ferry, déchirant ainsi ce qui restait du programme radical en ajoutant de nouveaux monceaux de cadavres à ceux de Nantes, de Narbonne et de Raon-l'Etape.

Le Parti socialiste *constate une fois de plus la faillite de la démocratie bourgeoise* et invite la classe ouvrière à en tirer les conclusions pour son émancipation d'un régime dont l'existence est une menace perpétuelle de conflits sanglants entre les peuples.

Si on laisse de côté la faiblesse politique et le manque d'une conclusion juste dans cette résolution, le fait même qu'elle était reprise par les ouvriers socialistes démontrait le fossé qui les séparait de leurs chefs social-démocrates dans l'union sacrée.

C'est du côté des organisations révolutionnaires : Parti communiste, Jeunesse communiste et syndicats rouges de la Confédération générale du travail unitaire que se tournaient les ouvriers socialistes. Dès le début, beaucoup s'associaient aux manifestations, meetings et conférences organisés par le « *Comité d'Action* », qui réunissait ces trois organisations révolutionnaires.

Les ouvriers socialistes et syndicalistes réformistes se détachaient peu à peu de la politique de leurs chefs et le danger apparaissait si grand que le secrétaire du Parti socialiste lui-même le signalait en ces termes :

J'ai écouté, j'ai fait parler avant d'exprimer un avis. Eh bien ! ne cherchons pas à le nier, ça grince, ça grogne un peu partout... On nous demande de réagir avec vigueur et de poursuivre sans faiblesse une politique droite et franche sans nous préoccuper outre mesure de l'existence de tel ou tel Cabinet... *Le Maroc! vaste entreprise qu'on a dû sans doute prévoir et préparer de longue main, il serait bon de savoir dans quel esprit, et aussi de connaître les raisons qui ont empêché aussi bien Herriot que Painlevé d'en saisir la commission des affaires extérieures, le Parlement et le pays.*

En laissant de côté le rétablissement politique personnel que Paul Faure essayait de faire sur les épaules de ses amis, Renaudel, Blum et Boncour, de plus en plus compromis, il y avait tout de même dans ces lignes le cri d'alarme lancé par le chef du Parti socialiste français qui s'apercevait que les troupes socialistes « fichaient le camp », *c'est-à-dire les troupes électorales qui assurèrent, en mai* 1924, *les sièges socialistes au Parlement!*

Alors que les chefs socialistes s'éloignaient des masses ouvrières et collaboraient avec la bourgeoisie, dans la même mesure les ouvriers socialistes s'éloignaient de leurs chefs et formaient une aile gauche qui collaborait avec les communistes et les syndicalistes révolutionnaires dans l'agitation et l'action révolutionnaire contre la guerre du Maroc. Un grand nombre de travailleurs des villes et des champs sans-parti, socialistes et communistes étaient désormais unis.

Cette situation, en se développant, plaçait les chefs socialistes au Parlement dans une impasse qui pouvait avoir de grosses conséquences pour l'unité de leur parti; « *Le corps socialiste ne s'accorde plus avec la tête* », écrivait très justement François Poncet, du « Comité des Forges ».

Nul doute que ce mouvement de « radicalisation » des masses socialistes ait été le facteur déterminant de la formation d'une gauche dans le Parti socialiste et de la cessation de la politique de soutien du gouvernement Painlevé qui devait amener par la suite la rupture du Cartel. C'est ce mouvement « à gauche » qui obligea les chefs socialistes au Parlement à se prononcer enfin pour la paix au Maroc et à déclarer dans une résolution votée par le Congrès socialiste du 15 août « que les élus ne s'associeraient plus par leurs votes à la politique marocaine du gouvernement ».

Mais à côté de cette résolution votée au sommet et qui resta d'ailleurs toute platonique, il y eut vraiment une action poursuivie à la base par un grand nombre d'ouvriers socialistes qui travaillèrent au sein des *Comités d'unité prolétarienne et des Comités d'Action* et participèrent à la grève de démonstration de vingt-quatre heures.

Cela motiva de la part de la direction du Parti socialiste des mesures d'exclusion contre quelques ouvriers socialistes qui occupaient des postes responsables dans les « Comités d'Action » et qui ne se gênaient pas pour dénoncer publiquement l'attitude antiouvrière de leurs chefs. Ces exclusions n'arrêtèrent d'ailleurs pas la poussée vers le front unique et celle-ci ne subit un ralentissement qu'au moment où le groupe parlementaire socialiste passa à l'opposition.

Il demeure que beaucoup d'ouvriers socialistes, malgré les menaces de leurs chefs, non seulement restèrent fidèles à leur doctrine, mais furent même, dès les premiers jours, aux côtés des communistes et syndicalistes unitaires pour demander l'évacuation militaire du Maroc et la fraternisation des soldats français et rifains, dans le but de faire cesser la guerre. Ces premières manifestations de front unique entre communistes et socialistes au sein des *Comités d'unité prolétarienne* et des *Comités d'Action*, dissipèrent beaucoup de malentendus qui existaient depuis la scission syndicale et aidèrent à la création de la gauche unitaire au sein de la vieille C. G. T.

Tout cela fait présager que le front unique prolétarien ne pourra aller qu'en se développant et qu'il deviendra assez puissant pour balayer tous les mauvais chefs auxiliaires du capital et reconstruire alors une organisation syndicale unique.

Voyons maintenant le rôle joué par le Parti communiste et les organisations révolutionnaires pendant cette période de six mois.

Attitude du P. C., des J. C., de la C. G. T. U. et du Comité d'Action dans les guerres du Maroc et de la Syrie

Nous avons démontré que la guerre du Rif n'a pas été seulement l'œuvre du Bloc National, pas plus que la guerre de Syrie ne fut l'œuvre du seul général Sarrail. Ces guerres impérialistes sont le résultat d'une politique et du développement de l'impérialisme dans le monde.

Cette politique impérialiste a déterminé de grands mouvements de libération des peuples coloniaux comme en Egypte, aux Indes, en Chine, etc..., qui s'accentueront au fur et à mesure que les Etats impérialistes renforceront l'exploitation de leurs colonies pour soulager leurs crises intérieures.

Si les Etats impérialistes réussissent à s'entendre pour s'opposer en commun contre les mouvements nationaux révolutionnaires des peuples coloniaux, ils se retrouvent divisés au moment du partage du butin, et les guerres coloniales ne peuvent qu'engendrer d'autres guerres entre grandes puissances impérialistes.

Dans la guerre contre les Rifains, si l'accord a pu se réaliser entre la France et l'Espagne, il est loin d'être complet entre l'Angleterre et l'Italie qui sont intéressés dans la question de la maîtrise de la Méditerranée et qui interviendront dans le règlement de la paix avec Abd el Krim et dans un partage éventuel du territoire du Rif. De même dans la guerre de Syrie, l'accord pourra se réaliser entre l'Angleterre et la France, contre la Turquie, dans le but de maîtriser les tribus syriennes qui mènent la lutte pour leur indépendance, mais là encore se posent les problèmes de la maîtrise de la Méditerranée et du partage définitif des territoires sous mandat. A ce moment, les contradictions entre Etats impérialistes éclateront sous le déchaînement des appétits et des convoitises, et la paix du monde sera de nouveau en jeu.

Il est clair que les guerres du Maroc et de Syrie sont des guerres d'oppression coloniale de la part de l'impérialisme français et de libération nationale de la part des peuples rifain et syrien, et que les gouvernements du « Bloc National » et du « Bloc des Gauches », serviteurs de l'impérialisme français, en portent l'entière responsabilité.

Rejeter par exemple toutes les responsabilités des événements de Syrie sur le général franc-maçon Sarrail et vanter le colonialisme « *intelligent* » des généraux ou maréchaux Weygand, Gouraud et Lyautey, c'est fausser à dessein l'opinion publique sur les véritables coupables et sur le caractère des responsabilités gouvernementales.

Le seul responsable est l'impérialisme français, représenté par la grosse industrie et la haute banque qui avait besoin de trouver de nouveaux débouchés et qui, pour cela, pousse à la conquête de nouveaux territoires pour en accaparer les richesses et faire fructifier le *capital financier,* cette puissance maîtresse du jour qui dirige la politique des Etats.

Nous avons indiqué plus haut le rôle prépondérant joué par les banques dans le déchaînement de la guerre, en signalant les intérêts industriels et financiers qu'elles représentent au Maroc, nous n'y reviendrons pas; ce qu'il importe de souligner pour l'histoire, c'est l'attitude de notre parti qui, pour la première fois, se trouvait en présence d'une guerre importante.

Notre Parti n'attendit pas le déchaînement de la guerre du Maroc pour dénoncer la politique coloniale de brigandage des impérialistes français.

Au moment où les Rifains libéraient leur territoire du joug espagnol (septembre 1924) en infligeant au dictateur Primo de Rivera une cuisante défaite, le Parti et les Jeunesses Communistes françaises adressaient à Abd el Krim le télégramme suivant :

Groupe parlementaire, Comité Directeur du P. C. et Comité National des J. C., saluent la brillante victoire du peuple Marocain sur les impérialistes espagnols. Ils félicitent son vaillant chef Abd el Krim.

Espèrent qu'après la victoire définitive sur l'impérialisme espagnol, il continuera, en liaison avec le prolétariat français et européen, la lutte contre tous les impérialistes, français compris, jusqu'à la libération complète du sol marocain.

Vive l'indépendance du Maroc!

Vive la lutte internationale des peuple coloniaux et du prolétariat mondial!

Pour les organismes directeurs : SEMARD, DORIOT.

Ce télégramme de sympathie au peuple rifain eut une grande répercussion parmi les peuples coloniaux opprimés. Il eut non moins de répercussion parmi les impérialistes qui accusèrent le P. C. F. de trahison et demandèrent un châtiment exemplaire; ce télégramme fut complété par un manifeste des Jeunesses Communistes de France et d'Espagne adressé aux soldats des deux pays. (1)

Au début de février 1925, le P. C. F., par la voix du député Doriot, précisa sa politique coloniale du haut de la tribune du Parlement, tout en dénonçant avec force la mainmise des banques sur le Maroc ainsi que sur les méthodes barbares employées par les impérialistes pour poursuivre ce qu'ils appellent la pacification des colonies. Ce discours eut un écho mondial. Il fut traduit en arabe par les chefs de certaines tribus dissidentes et par Abd el Krim. Il ne fut sans doute pas étranger à l'accord qui se réalisa

(1) Voir ce manifeste aux annexes, page 138.

entre les gouvernants français et anglais, au cours de l'entrevue de Herriot et Chamberlain au commencement de mars. Aux termes de cet accord des mesures communes étaient envisagées pour enrayer la propagande bolchéviste dans les colonies et empêcher l'agitation des partis communistes en faveur de l'indépendance des peuples coloniaux.

Dès le début des hostilités (14 mai), le P. C., les J. C. et la C. G. T. U. lançaient le mot d'ordre *de la paix immédiate avec le Rif* et réclamaient *la reconnaissance de la République rifaine* et *l'évacuation du Maroc* en recommandant aux soldats français et rifains *de fraterniser* pour arrêter la tuerie et obliger les gouvernants à traiter rapidement. Un appel dans ce sens « Aux ouvriers et paysans de France et des colonies » fut lancé (1), bientôt suivi d'un autre appel de l'I. C. qui précisait le caractère impérialiste de la guerre du Maroc et reprenait les mots d'ordre diffusés par le P. C. F.

Le *Comité d'Action* existant (P. C. — C. G. T. U.) en accord avec l'*Association républicaine des anciens combattants* (A. R. A. C.); les *Comités d'unité prolétarienne* (C. U. P.) et le groupe des intellectuels de « Clarté », commençaient une agitation à travers tout le pays. Des centaines de réunions eurent lieu pour traiter spécialement de la guerre du Maroc. Le P. C. profita des réunions électorales pour les élections municipales de mai pour accentuer cette agitation. Dans les 40 plus grandes villes, il y eut d'importants meetings suivis de manifestations. A Paris, le 17 mai, eut lieu, dans l'immense salle de Luna-Park, une assemblée des travailleurs forte de 15 à 18.000. La manifestation annuelle au Mur des Fédérés, du 24 mai, se fit sur les mots d'ordre lancés contre la guerre. 60.000 travailleurs de Paris et de la région défilèrent en acclamant ces mots d'ordre. A la sortie des usines, c'est par milliers que les réunions furent données dans toute la France, avec distribution de tracts contenant l'appel du Parti et de la C. G. T. U. Des meetings particuliers eurent lieu pour les travailleurs coloniaux et pour les femmes, qui eurent une très grosse répercussion.

---

(1) Voir cet appel aux annexes, page 142.

En même temps se poursuivait l'agitation parmi les soldats et les marins au moyen de tracts édités en français et en arabe, et distribués dans les casernes ou dans les trains et bateaux qui transportaient des troupes pour le Maroc. La Fédération des Jeunesses déployait la plus grande activité dans cette agitation et le résultat s'en faisait immédiatement sentir : *des trains de soldats partaient au chant de l'*Internationale *et en réclamant la paix immédiate.*

Le 7 juin, à la suite d'un meeting de femmes tenu la veille à Paris, une délégation composée d'ouvrières et de ménagères se rendit en délégation à la présidence du Conseil pour demander la cessation immédiate des hostilités. Cette délégation, composée de mères ayant un fils combattant au Maroc ou déjà tué et veuves de la grande guerre, exposa pourquoi les travailleuses refusaient de connaître encore les misères et les tortures qu'elles avaient vécues au cours des guerres impérialistes des années précédentes.

Cette démarche et les déclarations énergiques faites par ces travailleuses mères ou veuves de soldats eut également une grande répercussion parmi les masses laborieuses!

Dans le but de préparer un grand Congrès ouvrier de la région parisienne, le *Comité d'Action* poursuivit, au cours de la dernière quinzaine de juin, une grande agitation. Une première assemblée ouvrière d'information se tint le 23 juin. 1.200 ouvriers des usines parisiennes y assistaient. Parmi eux furent dénombrés 84 socialistes, 95 syndicalistes réformistes et 130 sans parti, qui affirmèrent leur volonté unanime de renforcer le front unique contre la guerre en soutenant les mots d'ordre du « Comité d'Action ». Cette assemblée faisait présager que le Congrès du 5 juillet serait une puissante manifestation.

Parallèlement à cette agitation de base, le P. C. F. et la C. G. T. U. faisaient des propositions de front unique aux organisations social-démocrates correspondantes. Le 20 mai, le P. C. F. adressait au Parti socialiste la lettre suivante qui faisait l'objet de propositions semblables de la part des différentes régions du P. C. aux Fédérations du P. S.

Paris, le 20 Mai 1925.

A LA COMMISSION ADMINISTRATIVE PERMANENTE DU PARTI SOCIALISTE

Citoyens,

Etant donné les conséquences graves occasionnées par la guerre du Maroc qui vient de commencer et dont les plus importantes sont la mort de nombreux soldats français dans l'intérêt des impérialistes, et les complications internationales qui ne manquent jamais de suivre les guerres de conquêtes coloniales, que Jaurès dénonçait jadis avec tant de passion comme compromettant la paix mondiale, le Comité central communiste a décidé de s'adresser à vous pour vous demander d'organiser en commun une action *dans tout le pays en vue de mobiliser contre les guerres les masses ouvrières et paysannes qui viennent de manifester aux élections municipales leur volonté inébranlable de paix.*

Si vous êtes décidés à lutter avec nous pour *imposer au gouvernement la paix immédiate sans conditions avec le Rif, la reconnaissance du Rif et l'évacuation du Maroc jadis réclamée par le Parti socialiste,* nous sommes à votre disposition pour causer avec tous délégués.

Recevez, citoyens, nos salutations.

Pour le Comité Central :
LE SECRÉTARIAT.

Rappelons aussi que la Commission administrative de réponse, votèrent peu après la confiance au gouvernement Painlevé!

Le 23 mai, la C. G. T. U. lançait un suprême appel à la C. G. T. réformiste (1) en lui proposant l'organisation en commun d'une vaste tournée de propagande dans toute la France et des démonstrations ouvrières publiques avec les mots d'ordre : *Paix immédiate avec les Rifains et évacuation militaire du Maroc demandée jadis par la C. G. T.*

Rappelons aussi que la Commission administrative de la C. G. T. réformiste répondit par un manifeste chauvin (2), signalé déjà plus haut et qui, en termes voilés, approuvait la politique marocaine du gouvernement.

D'autre part, du haut de la tribune de la Chambre, le P. C. F. s'adressait à la classe ouvrière et paysanne, à

(1) Voir cet appel aux annexes, page 144.
(2) Voir ce manifeste aux annexes, page 129.

l'opinion publique tout entière. Le 27 mai, le député Doriot interpellait le Gouvernement pour lui faire préciser ses buts de guerre au Maroc; en même temps, il dénonçait la complicité des chefs socialistes et renouvelait les propositions de front unique aux ouvriers socialistes en proposant une action commune pour la paix immédiate. Il terminait par un appel à la fraternisation des soldats, qui fit hurler toute la Chambre et lui valut l'application de la censure. Voici la partie la plus forte de cet appel :

Demain, lorsque sur le front, les soldats apprendront que de l'intérieur de ce pays, des ouvriers, des paysans comme eux sont partisans de la paix immédiate avec le Rif, et que les gouvernants français refusent de faire la moindre démarche, ils ne se sentiront plus liés à vous.

Ils chercheront les moyens de terminer la guerre que vous voulez continuer. *Ils se rappelleront que dans d'autres circonstances les marins de la Mer Noire ont refusé de tirer sur les ouvriers révolutionnaires de Russie, que les soldats de la Ruhr ont fraternisé avec les Allemands, que des Espagnols n'ont pas craint de parler avec les Rifains. Et ils tendront une main fraternelle à ceux que vous appelez des ennemis. Ils vous imposeront la paix.*

Une douzaine de socialistes, dont Renaudel et Moutet, répondirent sur-le-champ à la proposition de front unique renouvelée du haut de la tribune de la Chambre en votant la censure proposée contre Doriot, les autres députés socialistes s'abstinrent. L'écœurant Renaudel cria même à Doriot : « *Cela servira à faire fusiller quelques soldats* ». (Ce jusqu'auboutiste et patriotard de 1914-1918 oubliait sans doute volontairement le nombre de tués dont il porte la responsabilité en raison de sa politique personnelle et celle du Parti socialiste d'union sacrée dont il était à cette époque le chef, en même temps que le mauvais génie!)

Le 6 juin, le « Comité d'Action » faisait de nouvelles propositions de front unique à la Fédération socialiste de la Seine et à l'Union confédérée des Syndicats de la Seine, les invitant à une réunion du Comité d'Action pour se mettre d'accord sur l'agitation commune à poursuivre contre la guerre.

Le 9 juin eut lieu une autre interpellation communiste importante. Doriot apporta à la tribune un document accablant : la lettre du chef de cabinet civil du maréchal Lyautey, M. Vatin-Pérignon (1), qui démontrait clairement que Lyautey, en accord avec Poincaré, Herriot et Painlevé, avait préparé la guerre du Maroc. Malgré cela, la Chambre, députés socialistes compris, vota le renvoi de l'interpellation au retour de Painlevé, à ce moment en voyage au Maroc.

Les 18 et 19 juin, nouvelles interventions communistes pour mettre le gouvernement dans l'obligation de dire ses buts de guerre et pour l'obliger à apporter les preuves de la trahison communiste qu'il faisait habilement exploiter dans toute la presse de droite comme de gauche, *dans le but de faire dresser l'opinion publique contre le Parti communiste et d'organiser un complot pour emprisonner les principaux militants.*

Le 23 juin, notre Parti, par la voix des députés communistes Doriot, Cachin et Berthon, interpellait encore le gouvernement. Doriot démontra le dégonflage de l'accusation de trahison portée par le gouvernement contre le Parti Communiste : M. Painlevé a cité, disait-il : 1° Un discours de Zinoviev qui est faux; 2° un télégramme à Abd el Krim qui date de huit mois et qui a été publié et commenté en son temps par toute la presse et cité déjà plusieurs fois à la tribune même de la Chambre; 3° Une interview que j'ai donnée à la *Pravda d'Orient,* et dont l'esprit peut être retrouvé dans les thèses et le programme colonial de notre Parti, connus de tous ceux qui s'intéressent à la politique communiste. Puis Doriot analysa la lettre de Vatin-Pérignon et la situation au Maroc en démontrant que le fameux front français inviolable avait reculé de 20 kilomètres et que toutes les tribus du nord de l'Ouergha étaient passées du côté des Rifains, en même temps que des soldats indigènes de l'armée française allaient rejoindre les troupes rifaines, et il conclut avec force : « On veut faire croire que les communistes sont responsables de la guerre du Maroc. Vieux « truc » ! On a accusé Jaurès d'être l'agent de l'Allemagne. Aujourd'hui on accuse les communistes *d'avoir fait le plan d'Abd*

(1) Voir le texte complet dans les annexes, page 125.

el Krim! La guerre restera impopulaire. La résidence Lyautey a tout fait pour développer la guerre. Nous sommes sûrs d'être dans la vérité en la combattant de toutes nos forces et nous continuerons notre propagande envers et contre tous ».

C'était la première réplique nécessaire du P. C. F. aux menaces de persécutions dont il était l'objet.

Les 4 et 5 juillet se tint à Paris le premier Congrès des ouvriers et paysans, qui rassembla 2.470 délégués représentant plus d'un million de travailleurs. Dans cette représentation figuraient un grand nombre de communistes et sans parti, 130 socialistes et 160 confédérés.

Ce Congrès fut la première grande manifestation de front unique en France depuis la scission de 1921. Son importance fut considérable pour le développement de l'agitation et la préparation de l'action contre les guerres impérialistes. Il décida la transformation du « Comité d'Action » existant en un « Comité central d'Action ». auquel participeraient les ouvriers socialistes et réformistes de la C. G. T., ainsi que la création de comités semblables régionalement et localement. Il se prononça pour le développement des « Comités d'unité prolétarienne » dans toutes les entreprises, afin de réaliser à la base même le véritable front unique prolétarien. Il adopta plusieurs résolutions qui fixaient les tâches et l'attitude politique du « Comité central d'Action », une notamment en faveur de l'unité syndicale, et une autre contre la guerre du Maroc et les impôts Caillaux. Il publia un manifeste : « Aux travaileurs de France » (1), comportant le programme de revendications immédiates. C'est également à ce Congrès que fut lancée l'idée d'une grève de protestation de 24 heures sur la proposition des délégués de l'usine Citroën. Le soin de la préparation en fut laissé au « Comité central », qui devait également organiser dans toutes les régions de la France des congrès semblables à celui-ci. C'est ainsi qu'au cours des mois de juillet et d'août se tinrent : à Lille pour la région du Nord, à Lyon pour la région lyonnaise, à Béziers

(1) Voir ces résolutions et ce manifeste aux annexes, page 145.

pour la région du Languedoc, à Marseille pour la région méditerranéenne, à Bordeaux pour la région bordelaise et à Strasbourg pour l'Alsace-Lorraine, des congrès d'ouvriers et de paysans dont l'importance et les répercussions furent aussi grandes que celui de la région parisienne.

Ces congrès joints à l'agitation, qui fut poursuivie par le Parti Communiste en accord avec la C. G. T. U., préparèrent la grève de protestation de 24 heures qui devait être, par la suite, déclanchée par le Comité central d'Action à la date du 12 octobre.

Indépendamment de cette agitation poursuivie au sein des masses ouvrières et paysannes, le Comité central d'Action lançait, le 20 juillet, un appel « *aux soldats et marins* » (1), qui leur demandait de fraterniser avec les soldats rifains pour arrêter la guerre et qui contenait un programme de revendications. Le 23 juillet, il lançait un appel « *aux peuples coloniaux* », qui recommandait à ceux-ci de s'unir aux ouvriers français pour arrêter les guerres impérialistes. A cette même date, le « Comité d'Action » faisait une nouvelle proposition de front unique au Parti socialiste et à la C. G. T. U. (1) pour lutter à la fois contre la guerre du Maroc et les dispositions financières proposées par le ministre Caillaux — qui comportaient de nouveaux impôts, l'inflation et l'emprunt or.

Bien que les premières propositions de front unique soient restées sans réponse, à la date du 23 septembre, c'est-à-dire au commencement du déchaînement de la guerre de Syrie, le « Comité d'Action » fit une nouvelle proposition de front unique au Parti socialiste et à la C. G. T. (2) en demandant aux deux organisations de participer à ses côtés à la préparation de la grève de protestation de 24 heures.

Les chefs socialistes répondirent à cette dernière proposition par des sarcasmes, en dénonçant le caractère *purement politique* de la grève, en déclarant qu'elle était l'œuvre du seul Parti communiste et de Moscou, et en invitant les travailleurs à ne pas chômer ce jour-là! C'était une véritable trahison!

---

(1) Voir aux annexes, page 151.

(2) Voir aux annexes, page 154.

Malgré ce sabotage systématique de la part des chefs socialistes et syndicalistes de la vieille C. G. T., la grève déclanchée par le « *Comité d'Action* », le 12 octobre, fut une puissante démonstration, beaucoup plus importante que celle du 1er mai. Elle fut un sérieux avertissement à l'impérialisme français. D'autre part, beaucoup d'ouvriers réformistes et socialistes y participèrent malgré l'interdiction de leurs chefs.

Le Gouvernement avait pris des mesures extraordinaires. A Paris et dans la région parisienne, le mouvement revêtit une telle ampleur que les provocations policières déterminèrent de graves incidents qui auraient pu tourner au tragique sans le sang-froid des militants ouvriers communistes et sympathisants. Des provocations patronales eurent également lieu, notamment à Halluin (Nord), où un patron fasciste tira sur les ouvriers qui débauchaient, et à Suresnes, où un garde-chiourme du capital abattit à coups de revolver l'ouvrier Sabatier, qui manifestait devant l'usine avec d'autres camarades.

Pour la première fois en France dans une période de guerre, une grève de protestation de 24 heures ayant un caractère nettement politique dressait des centaines de milliers d'ouvriers et de paysans. Le « *Comité d'Action* » sortait de cette première épreuve de lutte avec une autorité accrue et de plus grandes possibilités de développement des « *Comités d'Unité prolétarienne* ».

Enfin, ce commencement de front unique dans l'agitation et l'action contre la guerre ouvrait la voie à des perspectives de réalisation d'un front prolétarien sur une échelle beaucoup plus vaste en le basant sur un programme concret de revendications immédiates.

Les menaces et la répression contre les ouvriers communistes, socialistes et sans parti qui se sont dressés contre la guerre

Passons sous silence toutes les menaces qui furent faites contre les communistes avant les événements du Maroc, mais dès le début de ceux-ci toute la presse réactionnaire commença à demander des poursuites. Le *Figaro* demandait « quelle mesure de sauvegarde patriotique le gouvernement avait prise pour empêcher la diffusion des mots d'ordre de paix immédiate avec les Rifains et d'évacuation militaire du Maroc, en déclarant « *qu'un régime est bien malade quand sa justice est paralysée par la peur de manier les lois* ». *L'Echo de Paris*, en demandant l'ordre dans le pays contre les assassins et les « traîtres communistes », ajoutait :

C'est donc chez nous évidemment qu'il convient d'attaquer le bolchévisme; *c'est chez nous qu'il faut lui livrer dès maintenant la première grande bataille qui sera décisive.* Et il terminait : « La confiance du monde entier acclamera le gouvernement le jour, prochain nous l'espérons bien, où, repoussant toute relation directe ou indirecte avec ces misérables, *il leur fera sentir, autrement que par de belles paroles, sa ferme détermination de les mettre hors d'état de nuire.*

Les amis de nos ennemis sont nos ennemis. Or, de tous nos ennemis les communistes sont les pires. Quiconque se refuse à les traiter comme tels est indigne de notre confiance.

L'officieux *Journal des Débats*, parlant de la *conspiration communiste*, défendait le gouvernement de vouloir monter un complot politique, puis il demandait simplement l'anéantissement du communisme en ces termes :

Il s'agit de surveiller et d'abattre une entreprise de désordre conduite de l'étranger, inspirée par des gens aux imaginations déréglées, exécutée par des aventuriers de tous pays, qui prétendent chambarder la société. La société doit se défendre. C'est l'affaire du gouvernement.

La *Liberté*, journal policier fasciste, était plus catégorique encore, elle dénonçait de la façon suivante les « traîtres communistes » :

Dans la serviette de M. Doriot, député français, on a trouvé des documents qui ne laissent aucun doute sur ses relations criminelles avec les conseillers militaires d'Abd el Krim. *On parle même d'un plan d'attaque de nos territoires et d'ordres de service adressés à des officiers.*

Et elle concluait :

Les Français ne trouveraient pas que Bolo et Lenoir (autres traîtres de la grande guerre) aient été plus coupables que Doriot.

La *Liberté* proposait tout bonnement le poteau d'exécution!

Pour déterminer le caractère de ces menaces, dont nous ne donnons que quelques « échantillons », rapprochons l'attitude de la presse de gauche de celle de droite, en citant également le *Quotidien*, du socialiste Pierre Renaudel, qui, sous la plume de Pierre Bertrand, écrivait :

S'il est démontré que les communistes ont donné une aide efficace aux troupes rifaines et encouragé l'invasion par Abd el Krim de territoires attribués à la France, *le Cartel sera certainement unanime dans sa réprobation.*

Ainsi, « Bloc des Gauches » et « Bloc National » hurlèrent contre les « traîtres communistes » et demandèrent des sanctions. Toute la presse exerça la pression nécessaire sur le gouvernement, tout en préparant l'opinion publique à cette répression.

Les résultats ne se firent pas attendre; c'est par plusieurs centaines que les ouvriers communistes, syndicalistes rouges et sans parti furent arrêtés, poursuivis et emprisonnés. Des secrétaires de région du Parti et des secrétaires des Ententes des Jeunesses Communistes furent perquisitionnés et arrêtés, sous l'inculpation de provocation de militaires à la désobéissance. Le gouvernement annonça officieusement son intention de poursuivre pour haute trahison les militants de la direction du P. C. F. et des J. C. et de demander la levée de l'immunité parlementaire contre deux ou trois députés communistes, dont Marty et Doriot.

Dans tous les coins de la France, de l'Algérie, de la Tunisie et du Maroc, la flicaille perquisitionnait, fouillait, menaçait et arrêtait. *Ce qu'elle n'arrêta pas, c'est l'agitation contre la guerre, qui gagna en puissance dans tout le pays, et même aux colonies!*

La bourgeoisie ne dissimulait pas que le danger était grand : « *les guerres sont souvent accoucheuses de révolutions!* » disait-elle.

Au cours de l'entrevue de Herriot avec Chamberlain, il avait été question de mesures internationales de police pour arrêter les effets de la propagande bolchéviste dans les colonies. Par l'information ci-dessous, parue dans le journal *Le Temps*, il est permis de dire que ces mesures ne concernaient pas seulement les colonies, mais également la métropole.

CONTRE LA PROPAGANDE COMMUNISTE

Le 1er juin dernier, une dépêche de Londres parue dans le *Temps* indiquait qu'à la suite des développements pris par la campagne bolchéviste *les polices française et anglaise s'étaient mises d'accord sur les mesures à prendre. On croyait même très prochaine une entente avec d'autres pays.*

En présence de l'extension prise par la propagande bolchéviste, le ministre des Affaires étrangères et le ministre de l'Intérieur ont décidé en effet, d'établir, *d'accord avec les pays intéressés, une sorte de « ceinture internationale »*. M. Chiappe, directeur de la Sûreté générale, a été chargé d'établir un projet de coopération entre toutes les polices.

Ce projet a été adopté. *Un accord existe, non seulement entre les puissances européennes, mais encore avec la Chine et le Japon.*

Le Gouvernement est décidé à poursuivre énergiquement, en France, la répression de cette propagande. M. Schrameck a donné, à ce sujet, des instructions précises à M. Morain, préfet de police, et à M. Chiappe. *Une surveillance rigoureuse, en solidarité avec les polices étrangères, va être exercée, et notamment à Paris d'où partent les directives communistes.* Infliger quelques mois de prison — comme on l'a fait récemment à un afficheur de l'Allier qui placardait des tracts de propagande venus de Paris — serait une sanction inopérante si les comités qui envoient des tracts agissaient en toute impunité.

Le sinistre Clemenceau voulait enfermer la Russie des Soviets dans un « fil de fer barbelé », pour empêcher l'extension de la propagande bolchéviste; le gouvernement du « Bloc des Gauches » de Painlevé allait plus fort, avec l'appui des différents gouvernements *intéressés* (lisez impérialistes), il organisait une *ceinture internationale*, c'est-à-dire une organisation policière internationale, chargée de l'espionnage, du mouchardage et de la répression contre les communistes, et plaçait Chiappe à sa tête.

Nous étions donc informés, officiellement cette fois, qu'un accord était réalisé entre toutes les puissances européennes, et même la Chine et le Japon, dans le but de traquer dans ces pays l'*action bolchéviste*. En fait, ces mesures n'étaient pas prises seulement contre les communistes, mais contre la classe ouvrière en général, et en particulier contre les travailleurs coloniaux coupables de lutter pour leur droit à la vie, et qu'on allait expulser systématiquement, le plus souvent sans motif valable.

Ainsi pendant que les capitalistes s'efforçaient d'organiser leur internationale fasciste, les gouvernants dits « *démocrates* », de France, organisaient l'*internationale de la police!* Les chefs social-démocrates, qui avaient déjà voté les fonds secrets policiers, ne soufflèrent mot de cette décision du ministre de l'Intérieur, destinée à frapper de la même façon ouvriers socialistes et communistes. Là encore, ils furent aux côtés des gouvernants bourgeois, contre le communisme et contre la classe ouvrière.

La répression se fit impitoyable. On arrêtait et jetait en prison des ouvriers surpris à distribuer des tracts ou à coller des papillons ou des affiches. On alla jusqu'à emprisonner pendant trois mois un imprimeur-gérant de la « Cootypo », pour avoir édité des affiches contre la guerre, commandées par le « Comité d'Action », et alors que les militants de ce Comité déclaraient en prendre toute la responsabilité! On poursuivait tous ceux qui prononçaient ou écrivaient le mot de « fraternisation ». En novembre 1925, 165 ouvriers et militants étaient en prison et 263 étaient poursuivis, 320 années de prison, 26.833 francs d'amende et 45 ans de bannissement avaient été distribués par les « démocrates » du « Bloc des Gauches ».

Mais cette féroce répression donnait une idée de la résistance opposée aux guerres impérialistes du Maroc et de Syrie par la classe ouvrière.

Malgré cela, l'agitation s'est continuée, elle va en s'accentuant, et on peut dire désormais qu'on ne conduira plus, comme en 1914, les peuples à la boucherie sans aucune résistance.

Le mot d'ordre de la « fraternisation » des soldats a fait son chemin; s'il n'est pas encore compris des larges masses, il le sera dans un proche avenir. Le fait même qu'il ait été lancé en pleine guerre par le Parti communiste démontre que le parti de classe du prolétariat n'a pas failli à son devoir et que l'impérialisme, fauteur des guerres, aura maintenant à compter avec lui.

CONCLUSIONS

Le « Chemin de la Paix » des impérialistes

Par ce qui précède, on a pu se convaincre que l'impérialisme français, soutenu par tous les partis, à l'exception du Parti communiste, a voulu et préparé la guerre; qu'après l'avoir déchaînée, son intention est de la poursuivre jusqu'à la victoire, *c'est-à-dire l'écrasement du peuple rifain et l'accaparement de son territoire.* Les derniers événements confirment ces intentions et démontrent que les gouvernants ne veulent pas la paix qui leur est offerte.

Fin décembre, un envoyé d'Abd el Krim, M. Gordon Canning, président du « *Comité du Rif* », dont il a déjà été question plus haut, s'est présenté porteur de propositions de paix en demandant à être reçu par le président du Conseil, Briand. Ce dernier a refusé systématiquement de le recevoir, bien que Gordon Canning l'ait informé publiquement par lettre que non seulement il était chargé officiellement par Abd el Krim de faire connaître les propositions de paix, mais qu'il était désigné par lui pour recevoir, au nom du gouvernement du Rif, les conditions de paix offertes par Painlevé au nom de la France et de l'Espagne, en juillet précédent.

En réalité, on ne veut pas traiter avec Abd el Krim et, en attendant la prochaine grande offensive du printemps qui, « dit-on », doit terminer la guerre, on s'efforce de traiter séparément avec les différentes tribus dissidentes.

Steeg, le résident « civil » cher aux chefs socialistes, qui appuie son pouvoir sur 100.000 baïonnettes, a déclaré: « Du bon travail a été fait au Maroc pour le retour à la paix. Les mois de novembre et de décembre ont été excellents. *La situation s'éclaircit davantage par la soumission des dissidents. Le chemin de la paix est ouvert!* »

C'était la réponse du résident à « l'émissaire » Gordon Canning. Quant à l'opinion du président du Conseil Briand, elle était exprimée dans l'officieux *Temps* du 25 décembre qui écrivait : « M. Gordon Canning n'a pas de pouvoirs pour négocier, il n'est pas qualifié pour faire connaître les intentions d'Abd el Krim, ni pour faire des propositions en son nom. Ce qu'on appelle sa mission se borne à recevoir communication des conditions arrêtées au mois de juillet par la conférence franco-espagnole de Madrid et à les transmettre à Abd el Krim... Tout cela ne comporte aucune discusion sérieuse. *Le gouvernement n'a pas à prendre contact avec un émissaire n'ayant d'autre pouvoir que celui de « recevoir » des conditions déjà anciennes qu'il peut connaître avec toute la précision désirable en cousultant les journaux de ces mois derniers* ».

Et Briand, à la séance de la Chambre du 30 décembre, répondant à Cachin qui demandait au gouvernement de *causer avec M. Gordon Canning* et de conclure la paix immédiatement, confirmait les appréciations du *Temps* en répondant : « qu'il voulait bien négocier, mais pas avec Abd el Krim ni avec son émissaire M. Canning, *car cela ne servirait qu'à protéger une autorité défaillante et à prolonger la guerre*, et que, d'accord avec les Espagnols, il traiterait directement avec les Rifains et les Djeballas, leur chef de guerre Abd el Krim n'étant plus qualifié pour parler au nom des tribus ».

Donc, le « *chemin de la paix* » choisi par les impérialistes franco-espagnols, consistait à poursuivre la soumission des tribus fidèles ou passées du côté d'Abd el Krim. C'est ainsi qu'en même temps on annonçait la soumission de la tribu des Senhadja. Les conditions draconiennes qui leur étaient imposées illustraient l'esprit de rapine coloniale de nos impérialistes; tout y est : pillage, annexion, extorsion d'argent et de biens, recrutement de troupes indigènes pour les envoyer combattre leurs frères de race. Lisez plutôt :

1° Sacrifice d'un taureau par dix familles.

2° Engagement de nous fournir des travailleurs pour la mise en état des routes et des pistes. Ces travailleurs seront rétribués

3° Réfection gratuite des routes détruites par eux.

4° Remise entre nos mains de trente-cinq otages qui répondront de la sécurité de nos troupes sur le territoire Senhadja.

5° Versement d'un fusil et de 300 francs par famille dans les huit jours. Versement immédiat de 12.000 francs.

6° Engagement de nous fournir des partisans pour les opérations futures.

Voilà le « *chemin de la paix* » que suit le résident « civil » et franc-maçon Steeg, représentant de l'impérialisme français au Maroc.

C'est le *chemin de la honte,* qui place notre prétendue « démocratie » au banc de l'humanité et qui la fait sévèrement juger même par les impérialistes voisins. C'est ainsi que le *Daily Chronicle* écrivait après le discours de Briand :

> Le discours de M. Briand sur l'affaire marocaine est en faveur d'une politique *non pas de paix, mais de conquête.* La continuation de la guerre, même si elle est finalement couronnée d'un succès complet, *ne peut manquer de coûter beaucoup d'argent et, probablement, beaucoup encore de vies humaines,* et il est difficile de penser que les questions de concessions minières, bien qu'elles affectent profondément des intérêts privés, soient d'une importance nationale suffisante *pour justifier les sacrifices qu'elles entraîneront.*

Il est évident qu'en présence d'une telle volonté de *guerre à outrance,* reconnue partout et par tous, l'émissaire d'Abd el Krim ne pouvait qu'échouer dans sa mission. Il échoua ensuite auprès du dictateur Primo de Rivera, allié de la France, comme il avait échoué auprès de Briand.

M. Gordon Canning précisa, dans une dernière lettre à Briand (1), le caractère de sa mission en répondant aux « inexactitudes » produites par ce dernier dans son discours à la Chambre.

Cette lettre démontre que le gouvernement a sciemment menti pour tromper l'opinion publique et lui faire accepter la continuation de la guerre et la « grande » offensive du printemps. Canning souligne qu'après lui avoir promis qu'il serait *officiellement* reçu à Paris, on l'a éconduit, sachant pourtant *qu'il avait mission d'Abd el Krim de faire la première demande officielle des termes de paix,* et il ajoute que, malgré cela, il est toujours disposé à faire de son mieux en faveur de la cause de la paix *sur la base des conditions de juillet, élaborées par la conférence franco-espagnole.*

Cette lettre, précise et cinglante pour quelques per-

(1) Voir cette lettre aux annexes, page 155.

sonnages qui l'accusaient « *d'être entouré d'hommes d'affaires intéressés dans le « cuivre »*, réplique à Briand : « *Je n'oserais jamais insinuer que quelqu'un étant en relations avec M. Finaly est de ce fait même intéressé dans les questions minières du Rif* » (sic).

Nous n'avons pas, nous, les mêmes raisons de formuler des « réserves » sur le rôle de la haute finance et de tous les Finaly qui tirent les ficelles diplomatiques et commandent aux politiciens au pouvoir. Peu nous chaut que Gordon Canning soit l'associé de certains « hommes d'affaires » ; par lui, la paix immédiate avec les Rifains pouvait être conclue, et nous accusons les gouvernants impérialistes de l'avoir, une fois de plus, repoussée pour continuer la guerre des banquiers et industriels, profiteurs qui rêvent d'exploiter les richesses et d'asservir les populations du Maroc.

Malgré tout, l'opposition à la guerre grandira et le prolétariat vaincra l'impérialisme

Mais les yeux commencent à s'ouvrir !

Les masses ouvrières et paysannes s'affirment de plus en plus contre la guerre. Il est évident que ce mouvement est instinctif bien plus que réfléchi. Ainsi, beaucoup de ceux qui souhaitent la défaite de l'impérialisme français craignent également la victoire d'Abd el Krim, qu'ils accusent d'être un chef réactionnaire et un violent dictateur. Ils ne comprennent pas encore que la première étape vers la libération des peuples coloniaux et semicoloniaux *est le triomphe d'un mouvement à caractère national* qui ne peut que faciliter le développement du mouvement d'émancipation des masses ouvrières et paysannes qui agite l'ensemble des grands Etats capitalistes et gagnera forcément les pays coloniaux économiquement et politiquement moins évolués et actuellement dominés par ceux-ci.

Dans la lutte contre l'impérialisme exploiteur et fauteur de guerres, il ne peut être question de races « inférieures » et « supérieures » ; quel que soit le degré de prétendue « civilisation », *les exploités de tous les pays ont pour devoir de s'unir pour que les colonies deviennent le tombeau de l'impérialisme mondial.*

Déjà, les ouvriers et paysans des colonies qui luttent pour leur indépendance nationale savent qu'ils ont des alliés au sein même des puissances impérialistes, parmi les masses laborieuses, et que les partis communistes et l'Internationale communiste sont à l'avant-garde de ce grand mouvement de libération.

Une plus grande fraternisation des peuples coloniaux opprimés et des prolétaires exploités de tous les pays ne peut que hâter la libération commune du joug du capitalisme et de l'impérialisme. Celle-ci déterminera la fraternisation effective des soldats au service des impérialistes, et des guerriers qui défendent leur sol, leurs biens, leurs familles, leurs traditions séculaires contre « l'envahisseur colonialiste ».

Cette double fraternisation ne peut qu'entraîner la défaite et, en conséquence, l'affaiblissement de l'impérialisme, tout en augementant parallèlement la puissance de l'action libératrice du prolétariat.

Alors seulement la fameuse proclamation du *libre droit des peuples à disposer d'eux-mêmes,* qui n'a été jusqu'à ce jour qu'une belle formule pacifiste utilisée par les puissances impérialistes pour réaliser des combinaisons territoriales arbitraires et pour accaparer des richesses par l'asservissement d'autres peuples, *deviendra une réalité au travers des luttes décisives que se livreront non pas les deux races, mais les deux classes ennemies : la masse ouvrière et paysanne exploitée et la minorité capitaliste exploiteuse.*

La défense et le soutien des vaillants peuples rifain et syrien, attaqués par l'impérialisme, n'est qu'une phase de la lutte gigantesque que doivent poursuivre les masses exploitées et opprimées pour aboutir à la formation de la société universelle des peuples, *de l'union des républiques soviétiques du monde,* où les ouvriers et les paysans seront les maîtres du pouvoir.

P. Sémard.

ANNEXES

Le statut diplomatique du Maroc

Nous avons réuni ci-dessous l'essentiel des principaux actes diplomatiques signés depuis 1904 déterminant le statut du Maroc. Ce sont : l'accord franco-britannique du 8 avril 1904 (I); le traité secret franco-espagnol du 3 octobre 1904 (II); l'accord franco-espagnol du 7 octobre 1904 (III); l'accord secret franco-anglais de 1904 (IV); le traité franco-allemand du 4 novembre 1911 (V); le traité franco-marocain du 30 mars 1912 (VI); l'accord franco-italien du 30 mars 1912 (VII); le traité franco-espagnol du 27 novembre 1912 (VIII); l'arrangement franco-anglais du 24 août 1917 (IX), et enfin, les articles de traités de paix de 1919, avec l'Allemagne et l'Autriche se rapportant au Maroc (X et XI). — (N. D. L. R.).

I. — *Accord franco-britannique du 8 avril 1904*
Déclarations concernant l'Egypte et le Maroc

Article premier. — Le Gouvernement de Sa Majesté britannique déclare qu'il n'a pas l'intention de changer l'état politique de l'Egypte.

De son côté, le gouvernement de la République française déclare qu'il n'entravera pas l'action de l'Angleterre dans ce pays, en demandant qu'un terme soit fixé à l'occupation britannique ou de toute autre manière, et qu'il donne son adhésion au projet de décret khédival qui est annexé au présent arrangement et qui contient les garanties jugées nécessaires pour la sauvegarde des intérêts des porteurs de la dette Egyptienne, mais à la condition qu'après sa mise en vigueur aucune modification ne pourra y être introduite sans l'assentiment des puissances signataires de la convention de Londres de 1885.

Il est convenu que la direction générale des antiquités en Egypte continuera d'être, comme par le passé, confiée à un savant français.

Les écoles françaises en Egypte continueront à jouir de la même liberté que par le passé.

Art. 2. — Le gouvernement de la République française déclare qu'il n'a pas l'intention de changer l'état politique du Maroc.

De son côté, le gouvernement de Sa Majesté britannique reconnaît qu'il appartient à la France, notamment comme puissance limitrophe du Maroc, sur une vaste étendue, de veiller à la tranquillité de ce pays et de lui prêter son assistance pour toutes les réformes administratives, économiques, financières et militaires, dont il a besoin.

Il déclare qu'il n'entravera pas l'action de la France à cet effet, sous réserve que cette action laissera intacts les droits, dont, en vertu des traités, conventions et usages, la Grande-Bretagne jouit au Maroc, y compris les droits de cabotage entre ports marocains dont bénéficient les navires anglais depuis 1901.

Art. 3. — Le gouvernement de Sa Majesté britannique, de son côté, respectera le droit dont, en vertu des traités, conventions et usages, la France jouit en Egypte; y compris le droit de cabotage accordé aux navires français dans les ports égyptiens.

Art. 4. — Les deux gouvernements, également attachés au principe de la liberté commerciale tant en Egypte qu'au Maroc, déclarent qu'ils ne s'y prêteront à aucune inégalité, pas plus dans l'établissement des droits de douane ou autres taxes que dans l'établissement des tarifs de transports par chemin de fer.

Le commerce de l'une et de l'autre nation avec le Maroc et avec l'Egypte jouira du même traitement pour le transit par les possessions françaises et britanniques en Afrique. Un accord entre les deux gouvernements réglera les conditions de ce transit et déterminera les points de pénétration.

Cet engagement réciproque est valable pour une période de trente ans. Faute de dénonciation expresse, faite une année au moins à l'avance, cette période sera prolongée de cinq en cinq ans.

Toutefois, le gouvernement de la République française au Maroc et le gouvernement de Sa Majesté britannique en Egypte se réservent de veiller à ce que les concessions des routes, chemins de fer, ports soient données dans des conditions telles que l'autorité de l'Etat sur ces grandes entreprises d'intérêt général demeure entière.

Art. 5. — Le gouvernement de Sa Majesté britannique déclare qu'il usera de son influence pour que les fonctionnaires français actuellement au service égyptien ne soient pas mis dans des conditions moins avantageuses que celles appliquées aux fonctionnaires anglais du même service.

Le gouvernement de la République française, de son côté, n'aurait pas d'objection à ce que des conditions analogues fussent consenties aux fonctionnaires britanniques actuellement au service marocain.

Art. 6. — Afin d'assurer le libre passage du canal de Suez, le gouvernement de Sa Majesté britannique déclare adhérer aux stipulations du traité conclu le 29 octobre 1888 et à leur mise en vigueur. Le libre passage du canal étant garanti, l'exécution de la dernière phrase du paragraphe premier et celle du paragraphe 2 de l'article 8 de ce traité resteront suspendues.

Art. 7. — Afin d'assurer le libre passage du détroit de Gibraltar, les deux gouvernements conviennent de ne pas laisser élever des fortifications ou des ouvrages stratégiques quelconques sur les parties de la côte marocaine comprises entre Melilla et les hauteurs qui dominent la rive droite du Sebou exclusivement.

Toutefois, cette disposition ne s'applique pas aux points actuellement occupés par l'Espagne sur la rive marocaine de la Méditerranée.

Art. 8. — Les deux gouvernements, s'inspirant de leurs sentiments sincèrement amicaux pour l'Espagne, prennent en particulière considération les intérêts qu'elle tient de sa position géographique et de ses possessions territoriales sur la côte marocaine de la Méditerranée, et au sujet desquels le gouvernement français se concertera avec le gouvernement espagnol.

Communication sera faite au gouvernement de Sa Majesté britannique de l'accord qui pourra intervenir à ce sujet entre la France et l'Espagne.

Art. 9. — Les deux gouvernements conviennent de se prêter l'appui de leur diplomatie pour l'exécution des clauses de la présente déclaration relative à l'Egypte et au Maroc.

II. — *Traité franco-espagnol du 3 octobre 1904*

Article premier. — L'Espagne adhère, aux termes de la présente convention, à la déclaration franco-anglaise du 8 avril 1904 relative au Maroc et à l'Egypte.

Art. 2. — La région située à l'ouest et au nord de la ligne ci-après déterminée constitue la sphère d'influence qui résulte pour l'Espagne de ses possessions sur la côte marocaine de la Méditerranée.

Dans cette zone est réservée à l'Espagne la même action

qui est reconnue à la France par le deuxième paragraphe de l'article 2 de la déclaration du 8 avril 1904 relative au Maroc et à l'Egypte.

Toutefois, tenant compte des difficultés actuelles et de l'intérêt réciproque qu'il y a à les aplanir, l'Espagne déclare qu'elle n'exercera cette action qu'après accord avec la France pendant la première période d'application de la présente convention, période qui ne pourra pas excéder quinze ans à partir de la signature de la convention.

De son côté, pendant la même période, la France, désirant que les droits et les intérêts reconnus à l'Espagne par la présente convention soient toujours respectés, fera part préalablement au gouvernement du roi de son action près du sultan du Maroc, en ce qui concerne la sphère d'influence espagnole.

Cette première période expirée, et tant que durera le *statu quo*, l'action de la France près du gouvernement marocain en ce qui concerne la sphère d'influence réservée à l'Espagne, ne s'exercera qu'après accord avec le gouvernement espagnol.

Pendant la première période, le gouvernement de la République française fera son possible pour que, dans deux des ports à douane de la région ci-après déterminée, le délégué du représentant général des porteurs de l'emprunt marocain du 12 juillet 1904 soit de nationalité espagnole.

Partant de l'embouchure de la Moulouïa, dans la Méditerranée, la ligne visée ci-dessus remontera le thalweg de ce fleuve jusqu'à l'alignement de la crête des hauteurs les plus rapprochées de la rive gauche de l'oued Defia. De ce point, et sans pouvoir, en aucun cas, couper le cours de la Moulouïa, la ligne de démarcation gagnera aussi directement que possible la ligne de faîte séparant les bassins de la Moulouïa de l'oued Inaouen de celui de l'oued Kert, puis elle continuera vers l'ouest par la ligne de faîte séparant les bassins de l'oued Inaouen et de l'oued Sebou et ceux de l'oued Kert et de l'oued Ouergha, pour gagner par la crête la plus septentrionale le Djebel Moulaï-Bou-Chta. Elle remontera ensuite vers le Nord, en se tenant à une distance d'au moins 25 kilomètres à l'Est de la route de Fez à Ksar-el-Kebir, par Ouezzan; jusqu'à la rencontre de l'oued Loukkos, ou oued El-Kous, dont elle descendra le Thalweg jusqu'à une distance de 5 kilomètres en aval du croisement de cette rivière avec la route précitée de Ksar-el-Kebir, par Ouezzan. De ce point, elle gagnera aussi directement que possible le rivage de l'Océan Atlantique, au-dessus de la lagune de Ez-Zerga.

.. ..

ART. 7. — L'Espagne s'engage à n'aliéner ni à céder sous aucune forme, même à titre temporaire, tout ou partie des territoires désignés aux articles 2, 4 et 5 de la présente convention.

ART. 9. — La ville de Tanger gardera le caractère spécial que lui donnent la présence du corps diplomatique et ses institutions municipales et sanitaires.

III. — *Accord franco-espagnol du 7 octobre 1904*

Déclaration

Le gouvernement de la République française et le gouvernement de Sa Majesté le roi d'Espagne, s'étant mis d'accord pour fixer l'étendue des droits et la garantie des intérêts qui résultent, pour la France, de ses possessions algériennes et, pour l'Espagne, de ses possessions sur la côte du Maroc, et le gouvernement de Sa Majesté le roi d'Espagne ayant, en conséquence, donné son adhésion à la déclaration franco-anglaise du 8 avril 1904, relative au Maroc et à l'Egypte, dont communication lui avait été faite par le gouvernement de la République française, déclarent qu'ils demeurent fermement attachés à l'intégrité de l'Empire marocain sous la souveraineté du Sultan.

IV. — *Accord secret franco-anglais de 1904*

ART. 3. — Les deux gouvernements conviennent qu'une certaine quantité de territoire marocain adjacente à Melilla, Ceuta, et autres présides doit, le jour où le Sultan cesserait d'exercer sur elle son autorité, tomber dans la sphère d'influence espagnole, et que l'administration de la côte, depuis Melilla jusqu'aux hauteurs de la rive droite du Sebou exclusivement, sera confiée à l'Espagne.

Toutefois l'Espagne devra, au préalable, donner son adhésion formelle aux dispositions des articles 4 et 7 de la déclaration de ce jour et s'engager à les exécuter.

Elle s'engagera, en outre, à ne point aliéner tout ou partie des territoires placés sous son autorité ou dans sa sphère d'influence.

ART. 4. — Si l'Espagne, invitée à adhérer aux dispositions de l'article précédent, croyait devoir s'abstenir, l'arrangement entre la France et la Grande-Bretagne, tel qu'il résulte de la déclaration de ce jour, ne serait pas moins immédiatement applicable.

V. — *Traité franco-allemand du 4 novembre 1911 et lettre annexe*

Le gouvernement de la République française et le gouvernement de Sa Majesté l'Empereur d'Allemagne, à la suite des troubles qui se sont produits au Maroc et qui ont démontré la nécessité d'y poursuivre, dans l'intérêt général, l'œuvre de pacification et de progrès prévue par l'Acte d'Algésiras, ayant jugé nécessaire de préciser et de compléter l'accord franco-allemand du 9 février 1909, ont résolu de conclure une convention à cet effet. En conséquence M. Jules Cambon, ambassadeur extraordinaire de la République française auprès de Sa Majesté l'Empereur d'Allemagne, et M. de Kiderlen-Waechter, secrétaire d'Etat des Affaires étrangères de l'Empire d'Allemagne, après s'être communiqués leurs pleins pouvoirs, trouvés en bonne et due forme, sont convenus des dispositions ci-après :

Article premier. — Le gouvernement impérial allemand déclare que, ne poursuivant au Maroc que des intérêts économiques, il n'entravera pas l'action de la France en vue de prêter son assistance au gouvernement marocain pour l'introduction de toutes les réformes administratives, financières et militaires dont il a besoin pour le bon gouvernement de l'Empire comme aussi pour tous les règlements nouveaux et les modifications aux règlements existants que ces réformes comportent. En conséquence, il donne son adhésion aux mesures de réorganisation, de contrôle et de garantie financière que, après accord avec le gouvernement marocain, le gouvernement français croira devoir prendre à cet effet, sous la réserve que l'action de la France sauvegardera au Maroc l'égalité économique entre les nations.

Au cas où la France serait amenée à préciser et à étendre son contrôle et sa protection, le gouvernement impérial allemand reconnaissant pleine liberté d'action à la France, et sous réserve que la liberté commerciale, prévue par les traités antérieurs, sera maintenue, n'y apportera aucun obstacle.

Il est entendu qu'il ne sera porté aucune entrave aux droits et actions de la Banque d'Etat au Maroc, tels qu'ils sont définis par l'Acte d'Algésiras.

Art. 2. — Dans cet ordre d'idées, il est entendu que le gouvernement impérial ne fera pas obstacle à ce que la France, après accord avec le gouvernement marocain, procède aux occupations militaires du territoire marocain qu'elle jugerait nécessaire au maintien de l'ordre et de la sécurité des transactions commerciales, et à ce qu'elle exerce toute action de police sur terre et dans les eaux marocaines.

Art. 3. — Dès à présent, si Sa Majesté le Sultan du Maroc venait à confier au représentant de la France près du gouvernement marocain le soin d'être son intermédiaire auprès des représentants étrangers, le gouvernement allemand n'y ferait pas d'objection.

Art. 4. — Le gouvernement français déclare que, fermement attaché au principe de la liberté commerciale du Maroc, il ne se prêtera à aucune inégalité pas plus dans l'établissement des droits de douane, impôts et autres taxes, que dans l'établissement des tarifs de transport par voie ferrée, voie de navigation fluviale ou toute autre voie, et notamment dans les questions du transit.

Le gouvernement français s'emploiera également auprès du gouvernement marocain afin d'empêcher tout traitement différentiel entre les ressortissants des différentes puissances; il s'opposera notamment à toute mesure, par exemple la promulgation d'ordonnances administratives sur les poids et mesures, le jaugeage, le poinçonnage, etc..., qui pourraient mettre en état d'infériorité les marchandises d'une puissance.

Le gouvernement français s'engage à user d'influence sur la Banque d'Etat pour que celle-ci confère à tour de rôle aux membres de sa direction à Tanger les postes de délégué dont elle dispose à la commission des valeurs douanières et au comité permanent des douanes.

Art. 5. — Le gouvernement français veillera à ce qu'il ne soit perçu aucun droit au Maroc d'exportation sur le minerai de fer exporté des ports marocains. Les exploitations de minerai de fer ne subiront sur leur production ou sur leurs moyens de travail aucun impôt spécial. Elles ne supporteront en dehors des impôts généraux qu'une redevance fixe, calculée par hectare et par an, et une redevance proportionnée au produit brut de l'extraction. Ces redevances, qui seront assises conformément aux articles 35 et 49 du projet de règlement minier annexé au protocole de la Conférence de Paris du 9 juin 1910, seront également supportées par toutes les entreprises minières.

Le gouvernement français veillera à ce que les taxes minières soient régulièrement perçues sans que des remises individuelles du total ou d'une partie de ces taxes puissent être consenties sous quelque prétexte que ce soit.

Art. 6. — Le gouvernement de la République française s'engage à veiller à ce que les travaux et fournitures nécessités par les constructions éventuelles des routes, chemins de fer, ports, télégraphes, etc., soient octroyés par le gouvernement marocain suivant les règles de l'adjudication.

Il s'engage également à veiller à ce que les conditions des adjudications, particulièrement en ce qui concerne les fournitures de matériel et les délais impartis pour soumissionner, ne placent les ressortissants d'aucune puissance dans une situation d'infériorité.

L'exploitation des grandes entreprises mentionnées ci-dessus sera réservée à l'Etat marocain ou librement concédée par lui à des tiers qui pourront être chargés de fournir les fonds nécessaires à cet effet. Le gouvernement français veillera à ce que, dans l'exploitation des chemins de fer et autres moyens de transport, comme dans l'application des règlements destinés à assurer celle-ci, soit conféré à tour de rôle aux membres de sa direction à Tanger le poste dont elle dispose de délégué à la commission générale des adjudications et marchés.

De même, le gouvernement français s'emploiera auprès du gouvernement marocain pour que, durant la période où restera en vigueur l'article 66 de l'Acte d'Algésiras, il confie à un ressortissant d'une des puissances représentées au Maroc un des trois grands postes de délégué chérifien au comité spécial des travaux publics.

Art. 7. — Le gouvernement français s'emploiera auprès du gouvernement marocain pour que les propriétaires de mines et d'autres exploitations commerciales ou agricoles, sans distinction de nationalité, et en conformité des règlements qui seront édictés en s'inspirant de la législation française sur la matière, puissent être autorisés à créer des chemins de fer d'exploitation destinés à relier leur centre de production aux lignes d'intérêt général ou aux ports.

Art. 8. — Il sera présenté tous les ans un rapport sur l'exploitation des chemins de fer du Maroc, qui sera établi dans les mêmes formes et conditions que les rapports présentés aux assemblées d'actionnaires des sociétés des chemins de fer français.

Le gouvernement de la République chargera un des administrateurs de la Banque d'Etat de l'établissement de ce rapport qui sera, avec les éléments qui en seront la base, communiqué aux censeurs, puis rendu public avec, s'il y a lieu, les observations que ces derniers croiront devoir y joindre d'après leurs propres renseignements.

Art. 9. — Pour éviter, autant que possible, les réclamations diplomatiques, le gouvernement français s'emploiera auprès du gouvernement marocain, afin que celui-ci défère à un arbitre désigné *ad hoc* pour chaque affaire d'un commun accord par le Consul de France et par celui de la puissance intéressée ou, à leur défaut, par les deux gouvernements de ces consuls, les plaintes portées par des ressortissants étrangers contre les autorités marocaines ou les agents en tant qu'autorités marocaines, et qui n'auraient pu être réglées par l'intermédiaire du Consul français et du Consul du gouvernement intéressé.

Cette procédure restera en vigueur jusqu'au jour où aura été institué un régime judiciaire de législation des puissances intéressées et destiné à remplacer, après entente avec elles, les tribunaux consulaires.

Art. 10. — Le gouvernement français veillera à ce que les ressortissants étrangers continuent à jouir du droit de pêche dans les eaux et ports marocains.

Art. 11. — Le gouvernement français s'emploiera auprès du gouvernement marocain pour que celui-ci ouvre au commerce étranger de nouveaux ports au fur et à mesure des besoins du commerce.

Art. 12. — Pour répondre à une demande du gouvernement marocain, les deux gouvernements s'engagent à provoquer la révision, d'accord avec les autres puissances et sur la base de la convention de Madrid, des listes et de la situation des protégés étrangers et des associés agricoles au Maroc, dont parlent les articles 8 et 16 de la convention.

Ils conviennent également de poursuivre auprès des puissances signataires toutes modifications de la convention de Madrid que comporterait, le moment venu, le changement du régime des protégés et associés agricoles.

Art. 13. — Toutes clauses d'accord, convention, traité ou règlement qui seraient contraires aux précédentes stipulations, sont et demeurent abrogées.

Art. 14. — Le présent accord sera communiqué aux autres puissances signataires de l'Acte d'Algésiras, près desquelles les deux gouvernements s'engagent à se prêter mutuellement appui pour obtenir leur adhésion.

Art. 15. — La présente convention sera ratifiée et les ratifications seront échangées à Paris aussitôt que faire se pourra.

Lettre annexe à l'accord marocain

M. de Kiderlen, secrétaire d'Etat aux Affaires étrangères d'Allemagne, à M. Jules Cambon, ambassadeur de France à Berlin.

Pour bien préciser l'accord du 4 novembre 1911, relatif au Maroc, et en établir la portée, j'ai l'honneur de faire connaître à Votre Excellence que dans l'hypothèse où le gouvernement français croirait devoir assumer le protectorat du Maroc, le gouvernement impérial n'y apporterait aucun obstacle.

L'adhésion du gouvernement allemand, accordée d'une manière générale au gouvernement français par l'article de la dite convention, s'applique, naturellement, à toutes les questions donnant matière à réglementation et visées dans l'Acte d'Algésiras.

Le gouvernement allemand, en renonçant à demander la détermination préalable de parts à faire à l'industrie allemande dans la construction des chemins de fer, compte que le gouvernement français sera toujours heureux de voir des associations d'intérêts se produire entre les ressortissants des deux pays pour les affaires dont il pourra respectivement obtenir l'entreprise.

Il compte également que la mise en adjudication du chemin de fer de Tanger à Fez, qui intéresse toutes les nations, ne sera primée par la mise en adjudication des travaux d'aucun autre chemin de fer marocain et que le gouvernement français proposera au gouvernement marocain l'ouverture du port d'Agadir au commerce international. Enfin lorsque le réseau des voies ferrées d'intérêt général sera mis à l'étude, le gouvernement allemand demandera au gouvernement français de veiller à ce que l'administration marocaine ait le plus réel souci des intérêts économiques du Maroc, et à ce que, notamment, la détermination du tracé des lignes d'intérêt général facilite dans la mesure du possible la jonction des régions minières avec les lignes d'intérêt général ou avec les ports appelés à les desservir.

Votre Excellence a bien voulu m'assurer que, le jour où aura été institué le régime judiciaire prévu par l'article 9 de la convention précitée et où les tribunaux consulaires auront été remplacés, le gouvernement français aura soin que les ressortissants allemands soient placés sous la juridiction nouvelle exactement dans les mêmes conditions que les ressortissants français. Je suis heureux d'en prendre acte et de faire connaître en même temps à Votre Excellence que, au jour de l'entrée en vigueur de ce régime judiciaire, après entente avec les puissances, le gouvernement allemand consentira à la suppression, en même temps que pour les autres puissances, de ses tribunaux consulaires. J'ajoute que, dans ma pensée, l'expression « les changements du régime des protégés » portée à l'article 12 de la convention du 4 novembre 1911, relative au Maroc, implique l'abrogation, si elle est jugée nécessaire, de la partie de la convention de Madrid qui concerne les protégés et les associés agricoles. Enfin, désireux de donner à la dite convention le caractère d'un acte destiné non seulement à écarter toute cause de conflit entre nos deux pays, mais encore à aider à leurs bons rapports, nous sommes d'accord pour déclarer que les différends qui viendraient à s'élever entre les parties contractantes au sujet de l'interprétation et de l'application des dispositions de la convention du 4 novembre et qui n'auraient pas été réglés par la voie diplomatique, seront soumis à un tribunal arbitral constitué dans les termes de la convention de La Haye du 18 octobre 1907. Un compromis devra être adressé et il sera procédé suivant les règles de la même convention, en tant qu'il n'y serait pas dérogé par un accord exprès au moment du litige.

Veuillez agréer, etc., etc. KIDERLEN.

VI. — *Traité franco-marocain du 30 mars 1912*

Le gouvernement de la République française et le gouvernement de Sa Majesté chérifienne, soucieux d'établir au Maroc un régime régulier, fondé sur l'ordre intérieur et la sécurité générale, qui permette l'introduction des réformes et assure le développement économique du pays, sont convenues des dispositions suivantes :

ARTICLE PREMIER. — Le gouvernement de la République française et de Sa Majesté le Sultan sont d'accord pour instaurer au Maroc un nouveau régime comportant les réformes administratives, judiciaires, scolaires, économiques, financières et militaires que le gouvernement français jugera utile d'introduire sur le territoire marocain.

Ce régime sauvegardera la situation religieuse, le respect et le prestige traditionnel du Sultan, l'exercice de la religion musulmane et des institutions religieuses, notamment de celles des habous. Il comportera l'organisation d'un Makhzen chérifien réformé.

Le gouvernement de la République se concertera avec le gouvernement espagnol au sujet des intérêts que ce gouvernement tient de sa disposition géographique et de ses possessions territoriales sur la côte marocaine.

De même, la ville de Tanger gardera le caractère spécial qui lui a été reconnu et qui déterminera son organisation municipale.

ART. 2. — Sa Majesté le Sultan admet dès maintenant que le gouvernement français procède, après avoir prévenu le Makhzen, aux occupations militaires du territoire marocain qu'il jugerait nécessaires au maintien de l'ordre et de la sécurité des transactions commerciales et à ce qu'il exerce toute action de police sur terre et dans les eaux marocaines.

ART. 3. — Le gouvernement de la République prend l'engagement de prêter un constant appui à Sa Majesté chérifienne contre tout danger qui menacerait sa personne ou son trône ou qui compromettrait la tranquillité de ses Etats. Le même appui sera prêté à l'héritier du trône et à ses successeurs.

ART. 4. — Les mesures que nécessitera le nouveau régime de protectorat seront édictées, sur la proposition du gouvernement français, par Sa Majesté chérifienne ou par les autorités auxquelles elle en aura délégué le pouvoir. Il en sera de même des règlements nouveaux ou des modifications aux règlements existants.

ART. 5. — Le gouvernement français sera représenté auprès de Sa Majesté chérifienne par un commissaire résident général, dépositaire de tous les pouvoirs de la République au Maroc, qui veillera à l'exécution du présent accord.

Le commissaire résident général sera le seul intermédiaire du Sultan auprès des représentants étrangers et dans les rapports que ces représentants entretiennent avec le gouvernement marocain. Il sera, notamment, chargé de toutes les questions intéressant les étrangers dans l'Empire chérifien. Il aura le pouvoir d'approuver et de promulguer, au nom du gouvernement français, tous les décrets rendus par Sa Majesté chérifienne.

ART. 6. — Les agents diplomatiques et consulaires de la France seront chargés de la représentation et de la protection des sujets et des intérêts marocains à l'étranger.

Sa Majesté le Sultan s'engage à ne conclure aucun acte ayant un caractère international sans l'assentiment préalable du gouvernement de la République française.

ART. 7. — Le gouvernement de la République française et le gouvernement de Sa Majesté chérifienne se réservent de fixer, d'un commun accord, les bases d'une réorganisation financière qui, en respectant les droits conférés aux porteurs des titres des emprunts publics marocains, permette de garantir les engagements du trésor chérifien et de percevoir régulièrement les revenus de l'Empire.

ART. 8. — Sa Majesté chérifienne s'interdit de contracter à l'avenir, directement ou indirectement, aucun emprunt public ou privé, et d'accorder sous une forme quelconque aucune concession sans l'autorisation du gouvernement français.

ART. 9. — La présente convention sera soumise à la ratification du gouvernement de la République française et l'instrument de la dite ratification sera remis à Sa Majesté le Sultan dans le plus bref délai possible.

En foi de quoi, les soussignés ont dressé le présent acte et l'ont revêtu de leurs cachets.

Fait à Fez, le 30 mars 1912 (11 rebiah 1330).

Signé : Regnault et Moulay Abd el Hafid.

VII. — *Accord franco-italien du 30 octobre 1912*

Le gouvernement de la République française et le gouvernement royal d'Italie, désireux d'exécuter dans l'esprit le plus amical leurs accords de 1902, confirment leur mutuelle intention de n'apporter réciproquement aucun obstacle à la réalisation de toutes les mesures qu'ils jugeront opportun d'édicter, la France au Maroc et l'Italie en Libye.

Ils conviennent de même que le traitement de la nation la plus favorisée sera réciproquement assuré à la France en Libye et à l'Italie au Maroc, le dit traitement devant s'appliquer de la manière la plus large aux nationaux, aux produits, aux établissements et aux entreprises de l'un et l'autre Etat sans exception.

VIII. — *Traité franco-espagnol du 27 novembre 1912*

Le Président de la République française et Sa Majesté le Roi d'Espagne,

Désireux de préciser la situation respective de la France et de l'Espagne à l'égard de l'Empire chérifien,

Considérant, d'autre part, que le présent traité leur offre une occasion propice d'affirmer leurs sentiments d'amitié réciproque et leur désir de mettre en harmonie leurs intérêts au Maroc ;

Ont convenu les dispositions suivantes :

Article premier. — Le gouvernement de la République française reconnaît que, dans la zone d'influence espagnole, il appartient à l'Espagne de veiller à la tranquillité de la dite zone et de prêter son assistance au gouvernement marocain pour l'introduction de toutes les réformes administratives, économiques, financières, judiciaires et militaires dont il a besoin, comme aussi pour tous les règlements nouveaux et les modifications aux règlements existants que cette réforme comporte, conformément à la déclaration franco-anglaise du 8 avril 1904 et à l'accord franco-allemand du 14 novembre 1911.

Les régions comprises dans la zone d'influence déterminée à l'article 2 resteront placées sous l'autorité civile et religieuse du Sultan, suivant les conditions du présent accord.

Ces régions seront administrées, sous le contrôle d'un haut commissaire espagnol, par un khalifa choisi par le Sultan sur deux candidats présentés par le gouvernement espagnol. Les fonctions de khalifa ne seront maintenues ou retirées au titulaire qu'avec le consentement du gouvernement espagnol.

Le khalifa résidera dans la zone d'influence espagnole et habituellement à Tétouan; il sera pourvu d'une délégation générale du Sultan, en vertu de laquelle il exercera les droits appartenant à celui-ci.

Cette délégation aura un caractère permanent. En cas de vacance, les fonctions du khalifa seront provisoirement et remplies d'office par le pacha de Tétouan.

Les actes de l'autorité marocaine dans la zone d'influence espagnole seront contrôlés par le haut commissaire espagnol et ses agents. Le haut commissaire sera le seul intermédiaire dans les rapports que le khalifa, en qualité de délégué de l'autorité impériale dans la zone espagnole, aura à entretenir avec les agents officiels étrangers, étant donné, d'ailleurs, qu'il ne sera pas dérogé à l'article 5 du traité franco-chérifien du 30 mars 1912.

Le gouvernement de Sa Majesté le Roi d'Espagne veillera à l'observation des traités et spécialement des clauses économiques et commerciales insérées dans l'accord franco-allemand du 4 novembre 1911.

Aucune responsabilité ne pourra être imputée au gouvernement chérifien du chef de réclamations motivées par des faits qui se seraient produits sous l'administration du khalifa dans la zone d'influence espagnole.

Art. 2. — Au nord du Maroc, la frontière séparative des zones d'influence française et espagnole repartira de l'embouchure de la Moulouïa et remontera le thalweg de ce fleuve jusqu'à un kilomètre en aval de Mechraklila. De ce point, la ligne de démarcation suivra jusqu'au Djebel Beni-Hassen le tracé fixé par l'article 2 de la convention du 3 octobre 1904.

Dans le cas où la commission mixte de délimitation visée au paragraphe 1er de l'article 4 ci-dessous constaterait que le marabout de Sidi Maarouf se trouve dépendre de la fraction sud des Beni-Bouyahi, ce point serait attribué à la zone française. Toutefois, la ligne de démarcation des deux zones, après avoir englobé le dit marabout, n'en passerait pas à plus d'un kilomètre au nord et à plus de deux kilomètres à l'ouest pour rejoindre la ligne de démarcation telle qu'elle est déterminée au paragraphe précédent.

Du Djebel Beni-Hassen, la frontière rejoindra l'oued Ouergha au nord de la Djéma des Cheurfa-Tfraout, en amont du coude formé par la rivière. De là, se dirigeant vers l'ouest, elle suivra la ligne des hauteurs dominant la ligne droite de l'oued Ouergha jusqu'à son intersection avec la ligne nord-sud définie par l'article 2 de la convention de 1904. Dans ce parcours, la frontière contournera le plus étroitement possible la limite nord des tribus riveraines de l'oued Ouergha et la limite sud de celles qui ne sont pas riveraines, en assurant une communication militaire non interrompue entre les différentes régions de la zone espagnole. Elle remontera ensuite vers le nord en se tenant à une distance d'au moins 25 kilomètres à l'ouest de la route de Fez à El-Ksar et Kébir, par Ouezzan, jusqu'à la rencontre de l'oued Loukkos, dont elle descendra le thalweg jusqu'à la limite entre les tribus Sursar et Tlig. De ce point, elle contournera le Djebel Ghahii, laissant cette montagne dans la zone espagnole, sous réserve qu'il n'y sera pas construit de fortifications permanentes. Enfin, la frontière rejoindra la parallèle 35° de latitude nord entre le douar Mgarya et la Marya de Sidi Slama, et suivra ce parallèle jusqu'à la mer.

Au sud du Maroc, la frontière des zones française et espagnole sera définie par le thalweg de l'oued Draa qu'elle remontera depuis la mer jusqu'à sa rencontre avec le méridien 11° ouest de Paris; elle suivra ce méridien vers le sud jusqu'à sa rencontre avec le parallèle 27°40 de latitude nord. Au sud de ce parallèle, les articles 5 et 6 de la convention du 3 octobre 1904 resteront applicables. Les régions marocaines situées au nord et à l'est de la délimitation visée dans le présent paragraphe appartiendront à la zone française.

Art. 3. — Le gouvernement marocain ayant, par l'article 8 du traité du 26 avril 1860, concédé à l'Espagne un établissement à Santa-Cruz-de-Mar-Fequena, il est entendu que le territoire de cet établissement aura les limites suivantes : au nord, l'oued Bou Sedra, depuis son embouchure; au sud, l'oued Noun depuis son embouchure; à l'est, une ligne distante approximativement de 25 kilomètres de la côte.

Art. 4. — Une commission technique, dont les membres seront désignés en nombre égal par les gouvernements français et espagnol, fixera le tracé exact des délimitations spécifiées aux articles précédents. Dans son travail, la commission pourra tenir compte, non seulement des accidents topographiques, mais encore des contingents locaux.

Les procès-verbaux de la commission n'auront valeur exécutive qu'après ratification des deux gouvernements.

Toutefois, les travaux de la commission ci-dessus prévue ne seront pas un obstacle à la prise de possession immédiate par l'Espagne de son établissement d'Ifni.

ART. 5. — L'Espagne s'engage à n'aliéner ni à céder sous aucune forme, même à titre temporaire, ses droits dans tout ou partie du territoire composant sa zone d'influence.

ART. 6. — Afin d'assurer le libre passage du détroit de Gibraltar, les deux gouvernements conviennent de ne pas laisser élever de fortifications ou d'ouvrages stratégiques quelconques sur la partie de la côte marocaine visée par l'article 7 de la déclaration franco-anglaise du 8 avril 1904 et par l'article 14 de la déclaration franco-espagnole du 3 octobre de la même année et comprises dans les sphères d'influences respectives.

ART. 7. — La ville de Tanger et sa banlieue seront dotées d'un régime spécial qui sera déterminé ultérieurement ; elles formeront une zone comprise dans les limites décrites ci-après:

Partant de Punta-Altarès, sur la côte sud du détroit de Gibraltar, la frontière se dirigera en ligne droite sur la crête du Djebel-Beni-Meyimel, laissant à l'ouest le village appelé Douar-es-Zeitoun et suivra ensuite la ligne des limites entre le Fash d'un côté et les tribus de l'Andjera et de l'oued Ras de l'autre côté jusqu'à la rencontre de l'oued Es-Seghir. De là, la frontière suivra le thalweg de l'oued Es-Seghir, puis ceux des oueds M'harhar et Tabadartz jusqu'à la mer.

Le tout conformément au tracé indiqué sur la carte de l'état-major espagnol, qui a pour titre : « Croquis del Imperio de Marruecos » à l'échelle de 1/100.000e, édition de 1906.

ART. 8. — Les consulats, les écoles et tous les établissements français et espagnols actuellement existants au Maroc sont maintenus.

Les deux gouvernements s'engagent à faire respecter la liberté et la pratique extérieure de tout culte, existant au Maroc.

Le gouvernement de S. M. le roi d'Espagne, en ce qui le concerne, fera en sorte que les privilèges exercés actuellement pour le clergé régulier et séculier espagnol ne subsistent plus dans la zone française. Toutefois, dans cette zone, les missions espagnoles conserveront leurs établissements et leurs propriétés actuels, mais le gouvernement de Sa Majesté le roi d'Espagne ne s'opposera pas à ce que les religieux de nationalité française y soient affectés. Les nouveaux établissements que ces missions y fonderaient seront confiés à des religieux français.

ART. 9. — Aussi longtemps que le chemin de fer de Tanger-Fez ne sera pas construit, il ne sera apporté aucune entrave au passage des convois de ravitaillement destinés au Makhzen, ni aux voyages des fonctionnaires chérifiens ou étrangers entre Fez et Tanger, et inversement, non plus qu'au passage de leur escorte, de leurs armes et bagages, étant entendu que les autorités de la zone traversée auront été préalablement avisées. Aucune taxe ou aucun droit spécial de transit ne pourra être utilisé pour ces transports.

Art. 10. — Les impôts et ressources de toutes sortes dans la zone espagnole seront affectés aux dépenses de la dite zone

Art. 11. — Le gouvernement chérifien ne pourra être appelé à participer à aucun titre aux dépenses de la zone espagnole.

Art. 12. — Le gouvernement de S. M. le roi d'Espagne ne portera pas atteinte aux droits, prérogatives et privilèges des emprunts de 1904-1910 dans sa zone d'influence.

En vue de mettre l'exercice de ses droits en harmonie avec la nouvelle situation, le gouvernement de la République usera de son influence sur le représentant des porteurs pour que le fonctionnement des garanties dans la dite zone s'accorde avec les dispositions suivantes :

La zone d'influence espagnole contribuera aux charges des emprunts 1904 et 1910, suivant la proportion que les prêts de la dite zone, déduction faite des 500.000 pesetas hassani dont il sera parlé plus loin, fournissent à l'ensemble des recettes douanières des ports ouverts au commerce.

Cette contribution est fixée provisoirement à 7.95 %, chiffre basé sur les résultats de l'année 1911. Elle sera revisable tous les ans, à la demande de l'une et de l'autre des parties. La révision prévue devra intervenir avant le 15 mai suivant de l'exercice qui lui servira de base. Il sera tenu compte des résultats dans les versements à effectuer par le gouvernement espagnol le 1er juin, ainsi qu'il est dit ci-après.

Le gouvernement de S. M. le roi d'Espagne constituera chaque année, à la date du 1er mars, pour le service de l'emprunt 1910 et, à la date du 1er juin, pour le service de l'emprunt 1904, entre les mains du représentant des porteurs de titres de ces deux emprunts, le montant des annuités fixées au paragraphe précédent. En conséquence, l'encaissement du titre des emprunts sera suspendu dans la zone espagnole par application des articles 20 du contrat du 12 juin 1904, et 19 du contrat du 17 mai 1910.

Le contrôle des porteurs et les droits s'y rapportant, dont l'exercice aura été suspendu en raison des versements du gouvernement espagnol, seront rétablis tels qu'ils existent actuellement dans le cas où le représentant des porteurs aurait à reprendre l'encaissement direct conformément aux contrats.

Art. 13. — D'autre part, il y a lieu d'assurer à la zone française et à la zone espagnole le produit revenant à chacune d'elles sur les droits de douane perçus à l'importation.

Les deux gouvernements conviennent :

1° Que balance faite des recettes douanières que chacune des deux administrations zonières encaissera sur les produits introduits par ses douanes à destination de l'autre zone ; il reviendra à la zone française une somme totale de 500.00 pesetas hassani, se décomposant ainsi :

a) Une s mme forfaitaire de 300.000 pesetas hassani applicable aux recettes des ports de l'ouest ;

b) Une somme de 200.000 pesetas hassani applicable aux recettes de la côte méditerranéenne, sujette à révision lorsque le fonctionnement des chemins de fer fournira des éléments exats de calcul. Cette révision éventuelle pourrait s'appliquer aux versements antérieurs effectués, si le montant de ceux-ci était supérieur à celui des versements à réaliser dans l'avenir, toutefois les versements dont il s'agit ne porteraient que sur le capital et ne donneraient pas lieu à un calcul d'intérêts.

Si la révision ainsi opérée donne lieu à une réduction des recettes françaises relatives aux produits douaniers des ports de la Méditerranée, elle entraînera *ipso facto* le relèvement de la contribution spagnole aux charges des emprunts susmentionnés.

2° Que les recettes douanières encaissées par le bureau de Tanger devront être réparties entre la zone internationalisée et les deux autres zones, au prorata de la destination finale des marchandises. En attendant que le fonctionnement des chemins de fer permette une exacte répartition des sommes dues à la zone française et à la zone espagnole, le service des douanes versera en dépôt à la Banque d'Etat l'excédent de ces recettes, paiement fait de la part de Tanger.

Les administrations douanières des deux zones s'entendront par l'entremise de représentants qui se réuniront périodiquement à Tanger, sur les mesures propres à assurer l'unité d'application des tarifs. Ces délégués se communiqueront à toutes fins utiles les informations qu'ils auront pu recueillir tant sur la contrebande que sur les opérations irrégulières éventuellement effectuées dans les bureaux des douanes.

Les deux gouvernements s'efforceront de mettre en vigueur, à la date du 1er mars 1913, les mesures visées sous le présent article.

Art. 14. — Les gages affectés en zone espagnole à la créance française, en vertu de l'accord franco-marocain du 21 mars 1910, seront transférés au profit de la créance espagnole et réciproquement les gages affectés en zone française à la créance espagnole, en vertu du traité hispano-marocain du 16 novembre 1910, seront transférés au profit de la créance française. En vue de réserver à chaque zone le produit des redevances minières qui doivent naturellement lui revenir, il est entendu que les redevances proportionnelles d'extraction appartiendront à la zone où la mine est située lors même qu'elles seraient recouvrées à la sortie par une douane de l'autre zone.

ART. 15. — En ce qui concerne les avances faites par la Banque de l'Etat sur le 5 % des douanes, il a paru équitable de faire supporter par les deux zones, non seulement les remboursements desdites avances, mais, d'une manière générale, les charges de la liquidation du passif actuel du Makhsen.

Dans le cas où cette liquidation se ferait au moyen d'un emprunt à court terme ou long terme, chacune des deux zones contribuerait au payement des annuités de cet emprunt (intérêts et amortissement) dans une proportion égale à celle qui a été fixée pour la répartition entre chaque zone des charges des emprunts de 1904 et 1910.

Le taux de l'intérêt, les délais d'amortissement et de conversion, les conditions de l'émission et, s'il y a lieu, les garanties de l'emprunt seront arrêtés après entente entre les deux gouvernements.

Les dettes contractées après la signature du présent accord seront exclues de cette liquidation.

Le montant total du passif à liquider comprend notamment :

1° Les avances de la Banque d'Etat gagées sur le 5 % du produit des douanes ;

2° Les dettes liquidées par la commission instituée en vertu du règlement du corps diplomatique de Tanger, en date du 29 mai 1910. Les deux gouvernements se réservent d'examiner conjointement les créances autres que celles visées ci-dessus sous les numéros 1 et 2 ; de vérifier leur légitimité et, au cas où le total du passif dépasserait sensiblement la somme de 25 millions de francs, de les comprendre ou non dans la liquidation envisagée.

ART. 16. — L'autonomie administrative des zones d'influence française et espagnole dans l'empire chérifien ne pouvant porter atteinte aux droits, prérogatives et privilèges concédés conformément à l'acte d'Algésiras à la Banque d'Etat du Maroc, pour tout le territoire de l'empire, par le gouvernement marocain, la Banque d'Etat du Maroc continuera de jouir, dans chacune des deux zones, de tous les droits qu'elle tient des actes qui la régissent, sans diminution ni réserve. L'autonomie des deux zones ne pourra pas faire obstacle à son action entre les deux gouvernements et facilitera à la Banque d'Etat le libre et complet exercice de ses droits.

La Banque d'Etat du Maroc pourra, d'accord avec les deux puissances intéressées, modifier les conditions de son fonctionnement en vue de les mettre en harmonie avec l'organisation territoriale de chaque zone.

Les deux gouvernements recommanderont à la Banque d'Etat l'étude d'une modification de ses statuts permettant :

1° de créer un second haut commissaire marocain qui serait nommé par l'administration de la zone d'influence espagnole, après entente avec le conseil d'administration de la Banque.

2° De conférer à ce second haut commissaire, pour sauvegarder les intérêts légitimes de l'administration de la zone espagnole, sans porter atteinte au fonctionnement normal de la Banque, des attributions autant que possible identiques à celles qu'exerce le haut commissaire actuel.

Toutes démarches utiles seront faites par les deux gouvernements pour parvenir à la révision régulière dans le sens indiqué ci-dessus, des statuts de la Banque d'Etat et du règlement de ses rapports avec le gouvernement marocain.

Afin de préciser et de compléter l'entente intervenue entre les deux gouvernements et constatée par la lettre adressée le 23 février 1907 par le ministre des Affaires étrangères de la République à l'ambassadeur de S. M. le roi d'Espagne à Paris, le gouvernement français s'engage, en ce qui concerne la zone espagnole, sous réserve des droits de la Banque :

1° A n'appuyer aucune candidature auprès de la Banque d'Etat ;

2° A faire connaître à la Banque son désir de voir prendre en considération, pour les emplois de la dite zone, les candidatures de nationalité espagnole.

Réciproquement, le gouvernement espagnol s'engage, en ce qui concerne la zone française, sous réserve des droits de la Banque :

1° A n'appuyer aucune candidature auprès de la Banque d'Etat ;

2° A faire connaître à la Banque son désir de voir prendre en considération, pour les emplois de la dite zone, les candidatures de nationalité française.

En ce qui concerne : 1° les actions de la Banque qui pourraient appartenir au Makhzen; 2° les bénéfices revenant au Makhzen sur les opérations de frappe et de refonte des monnaies, ainsi que sur toutes les autres opérations monétaires (article 37 de l'acte d'Algésiras), il est entendu qu'il sera attribué à l'administration de la zone espagnole une part calculée d'après le même pourcentage que pour la redevance et les bénéfices du monopole des tabacs.

Art. 17. — L'autonomie administrative des zones d'influence française et espagnole dans l'empire chérifien ne pouvant porter atteinte aux droits, prérogatives et privilèges concédés conformément à l'acte d'Algésiras, pour tout le territoire de l'empire, par le gouvernement marocain, à la société internationale de régie coïntéressée des tabacs au Maroc, la dite société continuera à jouir, dans chacune des zones, de tous les droits qu'elle tient des actes qui la régissent sans diminution ni réserve. L'autonomie des deux zones ne pourra pas faire obstacle à son action et les deux gouvernements lui faciliteraient le libre et complet exercice de ses droits.

Les conditions actuelles de l'exploitation du monopole, et en particulier, les tarifs des prix de vente ne pourront être modifiés que d'accord entre les deux gouvernements.

Le gouvernement français ne fera pas obstacle à ce que le gouvernement royal se concerte avec la régie, soit en vue d'obtenir de cette société la rétrocession à des tiers de l'intégralité de ses droits et privilèges, soit en vue de lui racheter à l'amiable, par anticipation, les dits droits et privilèges. Dans le cas où, comme conséquence du rachat anticipé, le gouvernement espagnol désirerait modifier dans sa zone les conditions générales de l'exploitation du monopole et, par exemple, s'il voulait réduire le prix de vente, un accord devra intervenir entre les deux gouvernements dans le but exclusif de sauvegarder les intérêts de la zone d'influence française.

Les stipulations qui précèdent s'appliqueront réciproquement dans les cas où le gouvernement français désirerait faire usage des facultés reconnues ci-dessus au gouvernement espagnol.

La régie pouvant faire objection à un rachat partiel, les deux gouvernements s'engagent dès maintenant à faire exercer dans l'une et l'autre zone, aussitôt que possible, c'est-à-dire le 1er janvier 1933, en prévenant la régie avant le 1er janvier 1931 le droit de l'achat prévu à l'article 24 du cahier des charges. A partir du 1er janvier 1933, chacune des deux zones deviendra libre d'établir selon ses convenances les impôts qui font objet du monopole.

Les deux gouvernements se mettront d'accord pour obtenir, en respectant le cahier des charges :

a) La création d'un second commissaire nommé par l'administration de la zone d'influence espagnole ;

b) La définition des attributions qui seraient nécessaires à ce second commissaire pour sauvegarder les intérêts légitimes de l'administration de la zone espagnole, sans porter atteinte au fonctionnement normal de la régie ;

c) La répartition par moitié entre les deux commissaires, de la somme de 5.000 rials makhzanis, argent versé annuellement par la régie pour le traitement du commissaire.

Afin de maintenir pendant la durée du monopole l'idendité du tarif des prix de vente dans les deux zones, les deux gouvernements prennent l'engagement de ne pas assujettir la régie ou ses ayants droit à des impôts nouveaux sans être préalablement entendus.

Le produit des amendes prononcées contre la régie pour inexécution du cahier des charges ou abus (article 31 du cahier des charges) sera attribué au Trésor de la zone dans laquelle les infractions ou abus auront été commis.

Pour le partage de la redevance fixe annuelle et des bénéfices (articles 20 à 25 du cahier des charges) on appliquera un pourcentage qui sera déterminé par la puissance de consommation de la zone espagnole, comparativement à la puissance de consommation totale de l'empire. Cette puissance de consommation sera évaluée d'après les perspectives douanières restant effectivement entre les mains de l'administration de la zone espagnole, compte tenu du reversement prévu à l'article 13 ci-dessus.

Art. 18. — En ce qui concerne le comité des valeurs douanières, le comité spécial des travaux publics et de commission générale des adjudications, durant la période où ces comités resteront en vigueur, il sera réservé à la désignation du Khalifa de la zone espagnole un des sièges de délégué chérifien dans chacun de ces trois comités.

Les deux gouvernements sont d'accord pour réserver à chaque zone et effectuer à ses travaux publics le produit de la taxe spéciale perçue dans ses ports en vertu de l'article 66 de l'acte d'Algérisas.

Les services respectifs sont autonomes.

Sous condition de réciprocité, les délégués de l'administration de la zone française voteront avec les délégué du Kalifa dans les questions intéressant la zone espagnole et notamment pour tout ce qui concerne la détermination des travaux à exécuter sur les fonds de la taxe spéciale, leur exécution et la désignation du personnel que cette exécution comporte.

Art. 19. — Le gouvernement de la République française et le gouvernement de Sa Majesté catholique se concerteront en vue de :

1° Toutes modifications qui devraient être apportées dans l'avenir aux droits de douanes ;

2° L'unification des tarifs postaux et télégraphiques dans l'intérieur de l'empire.

ART. 20. — La ligne de chemin de fer Tanger-Fez sera construite et exploitée dans les conditions déterminées par le protocole annexé à la présente convention.

ART. 21 . — Le gouvernement de la République française et le gouvernement de Sa Majesté catholique s'engagent à provoquer la révision, d'accord avec les autres puissances et sur la base de la convention de Madrid, des listes et de la situation des protégés étrangers et des associés agricoles et, éventuellement, l'abrogation de la partie dite convention concernant les protégés et associés agricoles.

ART. 22. — Les sujets marocains originaires de la zone d'influence espagnole seront placés à l'étranger sous la protection des agents diplomatiques et consulaires de l'Espagne.

ART. 23. — Pour éviter autant que possible les réclamations diplomatiques, les gouvernements français et espagnol s'emploieront respectivement auprès du sultan et de son khalifa pour que les plaintes portées par des ressortissants étrangers contre les autorités marocaines ou les personnes agissant en tant qu'autorité marocaine, et qui n'auraient pu être réglées par l'entremise du consul du gouvernement intéressé, soit déférées à un arbitre *ad hoc* pour chaque affaire, désigné d'un commun accord par le consul de France ou celui d'Espagne et par celui de la puissance intéressée ou, à leur défaut, par les deux gouvernements de ces consuls.

ART. 24. — Le gouvernement de la République française et le gouvernement de Sa Majesté catholique se réservent la faculté de procéder à l'établissement dans leurs zones respectives d'organisations judiciaires inspirées de leurs législations. Une fois ces organisations établies et les nationaux et protégés de chaque pays soumis, dans la zone de celui-ci, à la juridiction de ses tribunaux, le gouvernement de la République française, dans la zone d'influence espagnole et le gouvernement de S. M le roi d'Espagne, dans la zone d'influence française, soumettront également à cette juridiction locale leurs nationaux et protégés respectifs.

Tant que le paragraphe 3 de l'article 11 de la convention de Madrid du 3 juin 1880 sera en vigueur, la faculté qui appartient au ministre des Affaires étrangères de Sa Majesté chérifienne de connaître en appel des questions de propriété immobilière des étrangers fera partie, pour ce qui concerne la zone espagnole, de l'ensemble des pouvoirs délégués au Khalifa.

ART. 25. — Les puissances signataires s'engagent à prêter dès maintenant, dans leurs possessions d'Afrique, leur entier concours aux autorités marocaines pour la surveillance et la répression de la contrebande des armes et munitions de guerre.

La surveillance dans les eaux territoriales des zones respectives françaises et espagnoles sera exercée par les forces organisées par l'autorité locale ou celles du gouvernement protecteur de la dite zone.

Les deux gourvernements se concerteront pour unifier la réglementation du droit de visite.

Art. 26. — Les accords internationaux conclus à l'avenir par Sa Majesté chérifienne ne s'étendront à la zone d'influence espagnole qu'avec le consentement préalable du gouvernement de S. M. le roi d'Espagne.

Art. 27. — La convention du 26 février 1904, renouvelée le 3 février 1909, ainsi que la convention générale de La Haye du 18 octobre 1907, s'appliqueront aux différends qui viendraient à s'élever entre les parties contractantes au sujet de l'interprétation et de l'application des dispositions de la présente convention, et qui n'auraient pas été réglées par la voie diplomatique, un compromis devra être adressé et il sera procédé suivant les règles des mêmes conventions, en tant qu'il n'y aura pas été dérogé par un accord exprès au moment du litige.

Art. 28. — Toutes clauses des traités, conventions et accords antérieurs qui seraient contraires aux stipulations qui précèdent sont abrogées.

Art. 29. — La présente convention sera notifiée aux gouvernements signataires de l'acte général de la conférence internationale de l'acte d'Algésiras.

Protocole concernant le chemin de fer Tanger-Fez

Le traité est suivi d'un protocole aux termes duquel :

1° Dans un délai de trois mois, les deux gouvernements détermineront, dans leurs zones respectives, le tracé général de la ligne et des stations principales. Ces études seront entreprises simultanément par l'extrémité de Tanger et l'extrémité de Fez ;

2° La ligne tout entière sera concédée à une compagnie unique, chargée à la fois des études définitives, de sa construction et de son exploitation ;

3° Le capital, tant actions qu'obligations, de la compagnie concessionnaire sera pour 60 % français et 40 % espagnol. Toutefois, la France et l'Espagne se réservent la faculté de faire, d'un commun accord, s'il y a lieu, une part aux capitaux de nationalité étrangère, étant d'ores et déjà spécifié que cette part ne pourra en aucun cas excéder 8 % et qu'elle sera prélevée par moitié sur chacune de celles de 60 % et de 40 % ci-dessus.

4° Le Conseil d'administration de la compagnie concessionnaire sera composé de quinze membres, dont neuf français et six espagnols, nommés respectivement par les porteurs d'actions françaises et espagnoles. A ces quinze membres pourra, si la France et l'Espagne le jugent utile d'un commun accord, en être adjoint un seizième d'une tierce nationalité ;

5° Chacun des deux gouvernements français et espagnol se réserve le droit de procéder, à une date quelconque, après la mise en exploitation de la ligne entière, au rachat de la section de ladite ligne située sur son territoire, le prix du rachat étant calculé sur les bases qui seront fixées par l'acte de concession

IX. — *Arrangement franco-anglais du 24 août 1917 relatif au commerce des deux nations avec le Maroc et l'Egypte en transit sur les territoires français et anglais d'Afrique*

Le gouvernement de la République française et le gouvernement de Sa Majesté britannique, étant désireux de conclure l'arrangement prévu par l'article 4 de la Déclaration entre la France et la Grande-Bretagne, du 8 avril 1904, en ce qui concerne le commerce des deux nations avec le Maroc et l'Egypte en transit sur les territoires français et anglais d'Afrique, les soussignés, dûment autorisés à cet effet par leurs gouvernements respectifs, sont tombés d'accord pour conclure les articles suivants :

Article premier. — Les marchandises expédiées du Royaume-Uni, à destination ou en provenance du Maroc, passant en transit par la Tunisie, l'Algérie ou d'autres territoires confinant au Maroc qui appartiennent à la France ou reconnaissent sa souveraineté, et les marchandises expédiées en France ou à destination de France, à destination ou en provenance de l'Egypte, passant en transit par l'Afrique Orientale ou l'Ouganda, seront admises à un traitement absolument semblable à celui qui est appliqué respectivement aux marchandises expédiées de ou à destination du Royaume-Uni, en ce qui concerne les droits de douane et autres droits dont elles peuvent être passibles sur les territoires qu'elles traversent, en ce qui concerne les tarifs et taxes de chemin de fer, en ce qui concerne le régime en vigueur dans les bureaux de douane à l'entrée et à la sortie, en ce qui concerne le transit et, en général, en ce qui concerne toutes les facilités douanières.

Pour l'exécution du présent arrangement, un décret déterminera les conditions d'application du transit à travers le territoire algérien des marchandises d'origine étrangère en provenance ou à destination du Maroc.

Art. 2. — Cet arrangement réciproque sera valable pour une période de trente ans, sauf dénonciation expresse, au moins une année à l'avance, cette période sera renouvelée au moins pour une durée de cinq années à la fois.

En foi de quoi les soussignés ont signé le présent arrangement et y ont apposé leurs sceaux.

Fait en double à Londres, le 24 août 1916.

Signé : Grey of Fallodon.
Paul Cambon.

X. — *Traité de paix entre les puissances alliées et associées et l'Allemagne signé à Versailles le 28 juin 1919*

Partie IV. — Section V

MAROC

Art. 141. — L'Allemagne renonce à tous ses droits, titres ou privilèges résultant à son profit de l'acte général d'Algésiras du 7 avril 1906, des accords franco-allemands du 9 février 1909 et du 4 novembre 1911. Tous les traités, accords, arrangements de contrats passés par elle avec l'empire chérifien sont tenus pour abrogés depuis le 3 août 1914.

En aucun cas, l'Allemagne ne pourra se prévaloir de ces actes et elle s'engage à n'intervenir, en aucune façon, dans les négociations qui pourront avoir lieu entre la France et les autres puissances relativement au Maroc.

Art. 142. — L'Allemagne déclare accepter toutes les conséquences de l'établissement, reconnu par elle, du protectorat de la France au Maroc et renoncer au régime des capitulations au Maroc.

Cette renonciation prendra date du 3 août 1914.

Art. 143. — Le gouvernement chérifien aura une entière liberté d'action pour régler le statut et les conditions de l'établissement des ressortissants allemands au Maroc.

Les protégés allemands, les censaux et les associés agricoles allemands seront considérés comme ayant cessé, à partir du 3 août 1914, de jouir des privilèges attachés à ces qualités pour être soumis au droit commun.

Art. 144. — Tous les biens et propriétés de l'empire et des états allemands dans l'empire chérifien passent de plein droit au Makhzen, sans aucune indemnité.

A cet égard, les biens et propriétés de l'empire et des états allemands seront considérés comme comprenant toutes les propriété de la couronne, de l'empire et des états allemands, ainsi que les biens privés de l'ex-empereur d'Allemagne et des autres personnes royales.

Tous les biens, meubles et immeubles appartenant, dans l'empire chérifien, à des ressortissants allemands seront traités conformément aux sections III et IV de la partie X (clauses économiques) du présent traité.

Les droits miniers qui seraient reconnus à des ressortissants allemands par le Tribunal arbitraire institué en vertu du règlement minier marocain, seront l'objet d'une estimation pécuniaire qui sera demandée à l'arbitre, ces droits suivront ensuite le sort des biens appartenant au Maroc à des ressortissants allemands.

ART. 145. — Le gouvernement allemand assurera le transfert à la personne qui sera désignée par le gouvernement français, des actions qui représentent la part de l'Allemagne dans le capital de la Banque d'Etat du Maroc. La valeur des actions, indiquée par la commission des réparations, sera payée à cette commission pour être portée au crédit de l'Allemagne dans le compte des sommes dues pour réparations. Il appartiendra au gouvernement allemand d'indemniser, de ce chef, ses ressortissants.

Ce transfert aura lieu sans préjudice du remboursement de dettes que les ressortissants allemands auraient contractées envers la Banque d'Etat du Maroc.

ART. 146. — Les marchandises marocaines bénéficieront, à l'entrée en Allemagne, du régime appliqué aux marchandises françaises.

XI. — *Traité de paix entre les puissances alliées et associées et l'Autriche signé à Saint-Germain-en-Laye le 10 septembre 1919*

Partie IV. — Section I
MAROC

ART. 96. — L'Autriche, en ce qui la concerne, renonce à tous droits, titres ou privilèges résultants à son profit de l'acte d'Algésiras, du 7 avril 1906, des accords franco-allemands du 9 février 1909 et du 4 novembre 1911. Tous les traités, accords, arrangements ou contrats passés par le gouvernement de l'ancienne monarchie austro-hongroise avec l'empire chérifien sont tenus pour abrogés depuis le 12 août 1914.

En aucun cas, l'Autriche ne pourra se prévaloir de ces actes, et elle s'engage à n'intervenir en aucune façon dans les négociations qui pourraient avoir lieu entre la France et les autres puissances relativement au Maroc.

ART. 97. — L'Autriche déclare accepter toutes les conséquences de l'établissement reconnu par le gouvernement de l'ancienne monarchie austro-hongroise, du protectorat de la France au Maroc et renoncer au régime des capitulations au Maroc, en ce qui la concerne.

Cette renonciation prendra acte du 12 août 1914.

ART. 98. — Le gouvernement chérifien aura une entière liberté d'action pour régler le statut et les conditions de l'établissement des ressortissants autrichiens au Maroc.

Les protégés autrichiens, les censaux et les associés agricoles autrichiens seront considérés comme ayant cessé, à partir du 12 août 1914, de jouir des privilèges attachés à ces qualités pour être soumis au droit commun.

ART. 99. — Tous droits mobiliers et immobiliers de l'ancienne monarchie austro-hongroise dans l'empire chérifien passent de plein droit au Makhzen, sans aucune indemnité.

A cet égard, les biens et propriétés de l'ancienne monarchie austro-hongroise seront considérés comme comprenant toutes les propriétés de la couronne, ainsi que les biens privés de l'ancienne famille souveraine d'Autriche-Hongrie.

Tous les droits mobiliers et immobiliers appartenant, dans l'empire chérifien, à des ressortissants autrichiens seront traités conformément aux sections III et IV de la partie X (clauses économiques) du présent traité.

Les droits miniers qui seraient reconnus à des ressortissants autrichiens par le tribunal arbitraire institué en vertu du règlement minier marocain suivront le sort des biens appartenant, au Maroc, à des ressortissants autrichiens.

ART. 100. — Le gouvernement autrichien assurera le transfert, à la personne qui sera désignée par le gouvernement français, des actions qui représentent la part de l'Autriche dans le capital de la Banque d'Etat du Maroc. Cette personne remboursera aux ayants droit la valeur de ces actions indiquées par la Banque d'Etat.

Ce transfert aura lieu sans préjudice du remboursement des dettes que les ressortissants autrichiens auraient contractées envers la Banque d'Etat du Maroc.

ART. 101. — Les marchandises marocaines bénéficieront, à l'entrée en Autriche, du régime appliqué aux marchandises françaises.

La lettre de M. le Chef du cabinet civil du maréchal Lyautey à M. Pierre Lyautey

neveu du Maréchal

RÉSIDENCE GÉNÉRALE DE
FRANCE AU MAROC

LE CHEF DU CABINET CIVIL

Le 25 mai 1925.

Mon cher ami,

Je reçois à l'instant tes intéressantes lettres du 19-22.

D'abord, qu'il soit bien entendu que de pareilles lettres venant de toi me sont toujours infiniment précieuses, et que tu n'as vraiment pas à t'excuser de me les écrire. Tu comprends bien que vis-à-vis du « front » parisien, je fais un « tout » de mes moyens d'action et que je m'efforce, pour la cohérence, l'efficacité et aussi l'allégement de ma tâche, à les constituer en « équipes » — et toi, le neveu, toi si bien placé par ton poste actuel, et par ceux que tu assembles, tu es, je te l'assure, l'une des pièces maîtresses de mon action. C'est ainsi que je t'ai toujours considéré. Aujourd'hui plus que jamais.

Ceci posé, n'oublie pas que tu as, à Paris même, des sources d'information pour le détail comme pour la synthèse tout à fait au point et munies.

Ce sont Nacivet et Séguy d'une part, et le colonel Vincent d'autre part.

Dès le début des hostilités, j'ai rappelé cette consigne générale que l'on devait tenir à ta disposition toute la documentation.

Depuis quinze ou vingt jours, j'ai adressé à des agents un certain nombre de lettres-synthèses que je crois très explicites et complètes et où je réponds par avance aux questions que tu me poses.

Enfin, Vincent « pige » et « sait ». Son remarquable article d'ensemble dans l'*Illustration* du 16 m'en apporte une preuve excellente.

Je sais bien que les uns comme les autres ont des défauts Mais je suis bien obligé de me servir de ce que j'ai puisque, par ailleurs, ils ont de grande qualités.

Et ceci est mon excuse de ne pas t'avoir écrit, à toi, car je croyais sincèrement que tout ce que j'écrivais à Séguy et à Nacivet t'était donné, croyant que tu les voyais presque quotidiennement puisque leur rôle fait qu'ils sont actuellement la source de tous les tuyaux sûrs et de tous « leurs commentaires opportuns ».

Etablis donc avec eux une liaison de « giberne » et demande-leur de te communiquer mes papiers.

Quant aux journalistes « une bonne poignée » qui sont actuellement à Fez, je crois qu'ils sont bien orientés et que leurs correspondances seront de nature à dissiper certains malentendus ou certaines légendes.

Quoi qu'il en soit (une certaine lettre que j'écrivis à Piopp, qui est communiquée à Séguy et à Nacivet, répond à ces critiques) je réponds à tes questions :

1° Critique de la *surprise* qui se décompose en trois temps:

a) Nous n'avons pas été renseignés ;

b) Nous avons eu tort d'établir un chapelet de petits-postes qui ont été vite encerclés et qu'il a fallu dégager ;

c) Nous avons eu tort d'aller, en mai 1924, au nord de l'Ouergha.

Réponse :

Le maréchal a été tellement bien renseigné et avait tellement bien prévu ce qui allait se passer que, depuis *janvier* 1924 (voir ses rapports au gouvernement) il avait perçu :

1° Qu'Abd el Krim, devant la carence espagnole (évacuation, entente) nous attaquerait ;

2° Que son attaque serait brusquée, soudaine (leçon des événements de la zone espagnole) ;

3° Qu'elle serait « à allure de propagande » par la terreur, dans les tribus soumises.

C'est pourquoi, en mai 1924, alors qu'Abd el Krim, trop occupé avec les Espagnols, ne pouvait réagir, il a voulu constituer au nord de Fez, point vital et but probable de l'envahisseur, un front stratégiquement meilleur que celui que nous offrait la rive sud de l'Ouergha.

En mai 1924, ce front a été constitué sur une ligne stratégique, sorte de « hauts de Meuse » marocains, au nord de l'Ouergha — sans coup férir.

Depuis mai 1924, ce front a été renforcé, fortifié et relié à l'arrière par un système de routes, ponts, voies ferrées.

Ce front était au point de vue fortifications, constitué par une série de postes s'appuyant les uns les autres, postes destinés :

a) A tenir le pays sous notre obédience aussi longtemps que possible ;

b) A surveiller l'avant (service de renseignements) ;

c) A arrêter l'ennemi le temps nécessaire pour porter les groupes mobiles à pied d'œuvre ;

d) A le fixer.

Ce dispositif a été choisi, je le répète, parce que le maréchal *savait* que l'attaque serait brusque.

Ne confondons pas « surprise » et « soudaineté ».

L'attaque « soudaine » ne nous a pas « surpris » :

a) Parce que nous savions qu'elle serait soudaine ;

b) Parce que, depuis un an, nous avions établi un front fortifié conçu précisément pour arrêter une attaque soudaine.

Le dispositif a magnifiquement joué son rôle. Les groupes mobiles ont pu arriver à pied d'œuvre sans « pépins ». Et ces groupes ont pu « tenir le coup » jusqu'à l'arrivée des renforts.

Ces renforts étaient prévus et prêts, soit en Algérie, soit en France. C'est là un secret de la mobilisation générale que l'on n'avait pas et que l'on n'a pas à révéler.

1er échelon : Algérie.

2e échelon : France.

Ces deux échelons restaient dans leurs garnisons. Or, pourquoi les entasser au Maroc, avec toutes les dépenses que cela représente, si l'éventualité en vue de laquelle ils étaient prévus ne se réalisait pas?

Le dispositif fortifié des postes, celui des groupes mobiles casernés au Maroc devaient permettre à ces deux échelons d'arriver à pied d'œuvre en temps utile.

C'est ce qui s'est produit puisque nous avons des ports (Casa-Kenitra), des routes (partout, jusqu'au front : Ain Aïcha, Kiffane, vers El Bâli), des chemins de fer : voie de 0,60 Oudjda-Fez, voie de 0,60 Kénitra-Ouezzan, voie normale Casa à Fez (inaugurée le 25 avril).

Les voies de communication créées par le maréchal permettaient cette concentration par échelons — et la concentration par échelons s'est faite le plus facilement du monde.

Qu'après cela on n'aille plus dauber sur la « surprise », « l'imprévoyance », le « services des renseignements » et les « postes de 1924 ».

Quant à la pensée politique, comme tu le dis, un peu de patience, que diable ! Toute la question est de savoir ce que fera l'adversaire, puisque nous ne pouvons aller chez lui.

Ou bien il traitera. Mais qu'est-ce que cela vaudra pour l'avenir ?

Ou bien il continuera à nous attaquer, tantôt sur un point, tantôt sur un autre : *c'est la guerre perpétuelle.*

Ou bien nous *pourrons aller chez lui,* d'accord avec les autres puissances et *c'est une très grosse affaire.*

Que l'on ne demande pas au maréchal de faire comme Primo de Rivera qui a annoncé ce qu'il allait faire, ce qui qui a coûté ce que tu sais. Son repli, pris dans un effroyable remous d'insurrection et effectué dans des conditions tellement onéreuses, sanglantes et, pour tout dire, déshonorantes, qu'il vaut mieux, dans l'intérêt de nos relations avec l'Espagne, les oublier.

Il est un point bien certain : c'est que le maréchal est entièrement, effectivement et matériellement d'accord avec le gouvernement, et que ce dernier fait tout ce qu'il faut, tout ce qu'il doit. Le devoir de tout bon Français qui n'oublie pas que nous jouons l'avenir au Maroc, c'est-à-dire notre avenir méditerranéen, Algérie, Tunisie, c'est sur ce point de le soutenir à fond.

Quant aux personnalités Herriot, Boncour, la liaison est assurée. Blum, comme tu le dis, est au courant par Berthelot et cette liaison ne peut que se resserrer. Je ne t'en dis pas plus pour aujourd'hui.

Un article dans la *Dépêche de Toulouse* serait excellent. Tu en as les éléments dans cette lettre et dans l'article de Vincent (*Illustration* du 16) et d'une giberne d'une heure (voir lecture de papiers) avec Séguy et Vincent.

Charge-toi de Romier, Bainville, Simond, grâce à ces divers éléments. Mais que des « messieurs » comme eux donnent l'exemple aux freluquets. Ce n'est pas le moment de « giberner », c'est celui de se « taire » et de « tenir ». Leur effort doit faire sortir la question rifaine du domaine politique pour la replacer sur le plan national.

Tiens-moi au courant. A toi, en toute affection.

Signé : VATIN-PERIGNON.

Ci-joint copie de la partie essentielle de ma lettre (très mal écrite) et qui pourra te servir si tu veux la montrer.

MANIFESTE DE LA C. A. DE LA C. G. T.
Publié dans *Le Peuple* du 27 Mai 1925

La question marocaine et la C. G. T.

La C. A. de la C. G. T., interprète du sentiment des organisations confédérées, exprime l'inquiétude qu'éprouve le prolétariat en présence des graves événements qui se déroulent au Maroc.

Elle rappelle que les convoitises capitalistes et industrielles qui se sont déchaînées sur ce pays depuis 1904 furent cause des plus dangereux incidents internationaux qui préparèrent en Europe un état d'esprit de haine et de violence.

Nullement influencée par la tactique et les manœuvres communistes, la C. G. T. refuse de se livrer à un verbalisme de surenchère et de considérer que le fait d'être un chef guerrier confère le titre de représentant de tout un peuple historiquement et constamment livré au pillage et au droit du plus fort. Elle demande au gouvernement de rechercher et de prendre rapidement l'initiative des solutions d'apaisement et de paix.

Elle précise que la seule mission qui peut honorer une nation, c'est d'éveiller un autre peuple aux idées de progrès, de le grandir dans la justice, dans la liberté et le mieux-être et l'aider ainsi à travailler à sa prompte libération contre toutes les forces de violence, de conquête et de domination.

Elle précise que cette œuvre humaine, si conforme à la pensée de Jaurès, est incompatible avec un régime de dictature militaire et avec la mainmise des industriels de proie et de tous les trafiquants de l'exploitation humaine sur toutes les richesses d'un pays, substituant ainsi à l'ancien état de choses une nouvelle domination aussi détestable et la dépendance plus inacceptable encore de tout un peuple.

La Commission Administrative demande que des négociations soient engagées sans retard qui s'inspirent à la fois de la pensée et des besoins vitaux du peuple marocain ainsi que du devoir impérieux d'éviter de nouveaux charniers et toutes les complications internationales que la question marocaine provoque depuis déjà trop longtemps.

La Commission Exécutive.

Lettre transmise par le Comité anglais du Rif

(24 Juillet 1925)

Monsieur,

Nous sommes accoutumés à lire dans la presse européenne que Mohamed Abd el Krim ne désire pas la paix et qu'il a des exigences exorbitantes.

Vous trouverez ci-inclus une esquisse de ses conditions, telles que je puis les établir en raison des communications que je viens de recevoir de la part du chef rifain.

La France, l'Espagne et le Rif ont fait connaître au monde leur désir de paix; ces trois nations ont déclaré que leurs actes de guerre ne sont pas inspirés par des desseins impérialistes ou panislamiques.

Vu ce mutuel désir de conclure la paix, il ne devrait pas être difficile de trouver une base se prêtant à un arbitrage immédiat et à la rapide cessation des hostilités.

Ayant visité le Rif l'hiver dernier et étant resté en rapport avec le gouvernement du Rif, je suis en mesure d'affirmer que Mohamed Abd el Krim est également très désireux de signer la paix avec la France et l'Espagne.

Les suggestions suivantes, qui sont formulées ci-après, seraient, j'en suis sûr, agréables au chef rifain et permettraient la reconnaissance de certains droits espagnols et français.

Mes amis et moi, nous ferions, en tout cas, de notre mieux pour assurer un armistice immédiat sur ces bases :

1° L'état du Rif serait reconnu et garanti par la S. D. N., avec un statut similaire de celui de l'Afghanistan, et le gouverneur du Rif recevrait le titre d'Emir.

2° Le Sultan du Maroc serait reconnu par l'Etat du Rif comme étant son « Amir-al-Moumini » et son nom serait lu dans la Khutba.

3° La frontière méridionale serait la rive nord de l'Ouergha. Toute la Djeballa serait incorporée au Rif, y compris Larache, Arzilla, Tétouan.

4° L'Espagne garderait Ceuta et Melilla avec assez de territoires pour défendre ces villes contre les attaques de terre et de mer. Les mines de fer de L'Oro, déjà en exploitation, à quinze kilomètres de Melilla, seraient laissées à l'Espagne.

5° Une armée permanente, dont le chiffre devrait être fixé par des experts, serait accordée au gouvernement du Rif. Les armements des troupes en surnombre seraient repris par le gouvernement du Rif.

(La réduction de l'armée pourra s'effectuer au fur et à mesure que seront recueillies les armes).

6° Cessation complète de toute propagande panislamique dans le protectorat français du Maroc.

7° Réparations : néant.

8° Un léger crédit serait accordé par la S. D. N. pour permettre au gouvernement du Rif de s'installer solidement, et pour surmonter les difficultés qui pourraient se présenter pendant la première année de sa constitution en Etat autonome.

9° Développement économique du Rif.

Certaines facilités seraient accordées par l'Espagne pour mener à bien ce développement et certains privilèges seraient accordés aux espagnols commerçants dans la région de Larish, Tétouan et Adjir. La France et l'Espagne devraient coopérer et tenir en mains les intérêts principaux du chemin de fer Fez-Tanger et Melilla-Taza, s'il est construit.

Pour apaiser l'amertume et la haine actuellement existantes, les trois belligérants, afin de montrer leur bonne foi, prendraient des mesures immédiates pour conclure un armistice, promettant d'une part :

1° De lever le blocus à l'égard des besoins commerciaux.

2° De permettre l'entrée de la mission médicale et de reconnaître les Rifains en tant que belligérants.

D'autre part :

1° Retour d'un tiers des prisonniers français et espagnols sans rançon.

2° Retirer tous agents politiques dans le protectorat français.

Je suis certain que si la France et l'Espagne faisaient des offres équivalentes, le chef rifain se rendrait aux raisons de bon sens et de justice.

Résolution de la Commission internationale socialiste

Réunie à Paris le 28 Juillet 1925

Avant-hier s'est réunie, au siège du parti S. F. I. O., 12, rue Feydeau, à Paris, une commission composée des socialistes espagnols : Besteiro, Los Rios et Saborit ; du socialiste anglais colonel Wegwood ; des socialistes français : Léon Blum, Paul Faure, Renaudel et Zyromski.

A l'issue de cette réunion, le texte suivant a été adopté :

« Les délégués du parti socialiste ouvrier espagnol, du parti travailliste de Grande-Bretagne, du parti socialiste (Section Française de l'Internationale ouvrière socialiste), réunis pour examiner la situation créée par les événements du Maroc, réclament des gouvernements intéressés une action immédiate et décisive pour rétablir la paix.

I. — Dans la forme, ils demandent la publicité des conditions de paix que l'Espagne et la France ont déterminées; ils demandent que ces conditions fassent l'objet d'une communication la plus directe et la plus rapide possible au chef rifain Abd el Krim, comme ils demandent à celui-ci une réponse claire sur les possibilités immédiates de discussion et d'accord.

Ils croient que la meilleure façon d'aboutir à la paix est de placer le plus loyalement possible ces pourparlers sous le contrôle de l'opinion publique internationale.

Dans le fond, ces pourparlers doivent comprendre, au premier chef :

1° L'indépendance du Rif, reconnue par l'Espagne.

2° Une rectification de frontières, à laquelle l'Espagne et la France consentiront en vue de faciliter les arrangements indispensables, tant au point de vue du ravitaillement que de l'organisation économique du Rif.

II. — Les délégués socialistes d'Espagne, de France et de Grande-Bretagne demandent encore que les opérations militaires soient immédiatement suspendues, dès que les négociations de paix seront engagées.

Ils déclarent qu'en cas de divergences sur des points particuliers, l'Espagne, la France et le représentant du Rif, Abd el Krim, doivent accepter de soumettre la difficulté à l'arbitrage de la Société des Nations.

De même, la paix ayant été signée, il sera sage qu'elle soit enregistrée par la Société des Nations, dans laquelle l'état rifain pourra entrer s'il le désire.

III. — Les délégués socialistes déclarent, au surplus, qu'ils considèrent le problème marocain comme étant de ceux pour lesquels la Société des Nations a le devoir d'intervenir.

Dès maintenant et en attendant que la paix soit signée, elle doit veiller au respect des conventions internationales. Celles-ci comportent la libre circulation des missions sanitaires dans les territoires de guerre, l'application des règles adoptées contre la contrebande des armes et contre certaines formes odieuses de la guerre, contre l'emploi des gaz asphyxiants, le traitement humain des prisonniers et blessés de guerre.

Pour l'avenir, la Société des Nations a le devoir de prévoir l'application d'un régime analogue à celui des mandats qui ont déjà été institués par elle.

Aux problèmes soulevés est d'ailleurs liée aussi la question de l'internationalisation des détroits, seule susceptible d'harmoniser les intérêts généraux des peuples et de faire échapper les nations à des concurrences de prestige et d'égoïsme économique particulièrement dangereuses.

L'économie collective mondiale commande, tant pour un régime de production organisée que pour la répartition mondiale des matières premières, afin de refréner aussi les appétits capitalistes et d'en éliminer les conséquences meurtrières, que la Société des Nations puisse se saisir de ces problèmes économiques sans la solution desquels il n'y aura pas de paix assurée et stable dans le monde. »

Le document du " Matin "

(6 Août 1925)

Voici, d'après les renseignements puisés à source officielle, quelles sont les conditions de paix arrêtées par la France et l'Espagne. Elles ont été signifiées à Abd el Krim par l'intermédiaire des envoyés qui se sont présentés de sa part, à Tétouan.

1° Abd el Krim reconnaîtrait la souveraineté religieuse du sultan du Maroc, Moulay Youssef ou de son successeur régulier.

2° La France et l'Espagne reconnaîtrait l'autonomie administrative du Rif.

3° Les puissances reconnaîtraient au Rif une force de police suffisante pour assurer sa propre tranquillité. La France serait chargée de fournir les cadres à cette organisation ;

4° Les zones agrandies de Ceuta et Melilla seraient reconnues en toute propriété à l'Espagne :

a) La zone de Ceuta aurait les limites suivantes : au nord, le détroit de Gibraltar ; à l'ouest, la zone de Tanger ; au sud, la route de Tanger à Tétouan ; à l'est, la mer Méditerranée, de l'oued Martin à Ceuta.

b) La zone de Melilla aurait les limites suivantes : à l'ouest, l'oued Kert ; à l'est, la rive orientale de Mar-Chica ; au sud, une ligne englobant les mines actuellement en exploitation, ces mines devant rester en territoire espagnol.

5° Les limites de l'Etat autonome du Rif suivraient à l'ouest, une ligne passant à l'est de la ligne de chemin de fer de Tanger à Fez et à une distance minimum de 20 kilomètres; au sud, les limites pourraient être déterminées par l'Ouergha et le Loukos, ces deux rivières étant reliées par une ligne théorique à préciser.

6° La zone littorale comprise entre l'Océan Atlantique, la ligne passant à 20 kilomètres à l'est du chemin de fer de Tanger à Fez et le Loukos, au sud, ferait retour à la zone de Tanger, qui en aurait la partie nord, et la zone française qui en aurait la partie sud.

Ce nouvel état de choses serait mis sous le contrôle de la Société des Nations.

Texte de la résolution votée à l'unanimité par le Congrès socialiste sur la question marocaine

(15 Août 1925)

Le parti socialiste n'assume aucune responsabilité du passé pour l'occupation militaire du Maroc.

Il entend seulement tenir compte d'un problème de fait auquel il applique la résolution commune d'action votée le 28 juillet par la conférence socialiste anglo-franco-espagnole.

Ce texte demandait la publication des conditions de paix et qu'elles soient communiquées directement à Abd el Krim.

Les pourparlers à engager doivent être basés sur *l'indépendance du Rif*, reconnue par l'Espagne; une rectification de frontières à laquelle la France et l'Espagne consentiront, en vue de faciliter les arrangements indispensables tant au point de vue du ravitaillement que de l'organisation économique du Rif.

Conformément à cette résolution, le Parti socialiste regrette:

1° Que le gouvernement français ait reculé devant la publication immédiate des conditions de paix arrêtées avec le gouvernement espagnol.

2° Qu'il n'ait pas jugé utile de faire tenir directement et officiellement ses conditions de paix à Abd el Krim fournissant par là au chef rifain des prétextes pour ne pas donner de réponse à des propositions ainsi présentées.

3° Qu'à l'heure actuelle le plan d'une coopération militaire avec l'Espagne apparaisse devant l'opinion avant même que soient connues les propositions de paix et contrairement aux engagements pris devant le Parlement par le gouvernement répondant aux interpellations du parti socialiste.

En conséquence, le parti socialiste déclare que si le groupe socialiste au Parlement s'est abstenu quand s'est présenté devant les Chambres le vote des crédits d'opérations militaires au Maroc, *il lui paraît maintenant impossible que ses élus législatifs et sénatoriaux s'associent, soit par un vote des crédits, soit par un vote approbatif,* à l'imprévoyante politique marocaine du gouvernement actuel.

Il se déclare opposé à toute excitation démagogique qui peut conduire des soldats isolés soit à la fraternisation avec les Rifains, soit à la désertion et qui fait d'eux les victimes à la fois de la discipline du militarisme français et de la politique étrangère du bolchévisme.

Attaché à la paix, afin d'épargner le sang des prolétaires qu'il a pour mission de protéger et de sauver, le parti socialiste se déclare l'adversaire de l'évacuation du Maroc qui créerait des complications internationales plus dangereuses que le *statu quo.*

La lettre d'Abd el Krim au Parlement français

(20 Août 1925)

Nous avons l'honneur de vous soumettre ce mémorandum adressé à la Chambre des députés de la Nation française.

Il a pour but d'exprimer aux honorables représentants nos sentiments de respect, mais aussi de porter à leur connaissance notre profond regret des imputations qui nous ont été attribuées par Son Excellence le maréchal Lyautey, de même que par la presse française qui a répandu d'innombrables rumeurs afin de discréditer à vos yeux notre réputation et notre honneur.

En vérité, il nous est excessivement pénible de lire dans les journaux de Paris, de la part de quelques-uns des principaux hommes d'Etat de votre pays, les démentis honteux de leurs rapports et de leur correspondance avec nous, y compris le refus de nous accorder une entrevue à Paris, en 1923.

Bien au contraire, nous avons correspondu avec le maréchal Lyautey et, indirectement, nous avons parlé avec M. Painlevé, exprimant à l'un et à l'autre nos sentiments amicaux envers la France qui, selon notre pensée, devait être la première à soutenir nos revendications et nos droits nationaux sans lesquels il nous est impossible de vivre. Nous avons, en maintes occasions, correspondu avec le maréchal Lyautey ; nous lui avons envoyé des messagers dans le seul but d'arriver à un accord. Nous estimons hautement le maréchal et son gouvernement du Maroc français ; malheureusement, il n'a pas voulu nous entendre, de même qu'il n'a pas voulu recevoir nos messages (si ce n'est avec mépris!).

Il nous est apparu, dès la première occasion, que nous avons eue d'entrer en contact avec le maréchal, qu'il ne nous regardait pas avec des yeux bienveillants et qu'il nous traitait avec dédain, en dépit de nos efforts de conciliation et de notre vif désir de rester en bons termes avec la République française.

Quand, au début de l'année dernière, nous avons été au courant de la décision du maréchal Lyautey d'augmenter ses forces sur l'Ouergha, nous avons dépêché un message à Fez pour lui demander une explication. Mais le résultat de cette démarche, comme de tous nos efforts antérieurs selon les méthodes pacifiques dans nos conversations et nos correspondances avec des ministres, a été négatif. L'armée française a avancé dans la région de El-Jaya et des Beni-Zerouals et y a établi des postes fortifiés. Néanmoins, nous espérions encore dans la paix jusqu'au moment où nous nous sommes aperçus, cette année, que le maréchal Lyautey avait l'intention d'envahir le Rif et qu'il avait l'ambition d'annexer notre pays à la zone française. Dans ce même temps, le maréchal Lyautey n'avait cessé d'exciter les tribus contre nous et de les encourager à nous attaquer directement. Ces actes du maréchal ne nous laissaient pas d'autre issue que de prendre les armes contre vos soldats et de défendre la liberté de notre pays comme nous l'avons toujours fait. Le maréchal Lyautey dédaignant les droits d'une petite nation, s'en est reposé sur la force, oubliant que la victoire vient toujours à ceux qui combattent pour la justice et la défense de leur honneur. Mais le temps écartera les nuages du mensonge et le soleil de la vérité triomphera.

Nous sommes accusés d'être des rebelles, mais nous combattions pour notre propre pays. Ainsi hier, n'avez-vous pas été vous-même le premier peuple qui prit les armes et se précipita pour la défense de la liberté de son sol et de son héritage? Nous sommes accusés d'avoir choisi la guerre pour passetemps, mais de telles calomnies ne supporteront point l'examen. Nous proclamons notre désir de vivre en paix et de développer les ressources de notre pays pour le bénéfice de ses habitants.

Nous avons envoyé notre frère et nos ministres à Paris parce que c'est le berceau de la liberté, la capitale de l'égalité, la mère de la civilisation moderne et parce que nous avons espéré que la noble nation française qui si souvent a protégé les faibles et les affligés, reconnaîtrait le droit du Rif de vivre comme une nation libre. Notre but, notre principe, notre idéal, c'est la paix et l'indépendance.

Les guerres dans lesquelles nous avons été engagés dans le passé, dans lesquelles nous sommes engagés aujourd'hui, nous ont été imposées. A peine étions-nous sur le point de nous libérer de l'Espagne, que nous avons été attaqués par la France. Nous nous adressons à la nation française pour qu'elle arrête ce massacre insensé d'une petite nation qui est résolue à mourir plutôt que de se soumettre.

Notre pays est toujours victime de diffamations et de rapports inexacts. Nous ne possédons pas de journaux pour présenter notre cause et dire la vérité; les quelques correspondants américains qui ont visité notre pays ont confirmé nos propres déclarations que nous n'avons ni aide étrangère ni bolchéviste dans notre entourage. Le Coran et le Bolchévisme ne peuvent pas aller de pair ensemble. Nous et nous seuls administrons et contrôlons nos affaires civiles et militaires. A coup sûr, si nous avions possédé des journaux et des députés à la Chambre, la France n'aurait pu rester sourde à nos plaidoyers et aurait répondu à notre appel pour la justice. Nous proclamons une fois de plus notre désir de vivre en paix avec la nation française et nous terminons notre pétition en priant la Chambre française des députés d'agréer nos hommages et nos souhaits amicaux.

Salaams !

Ecrit au quartier général du front sud, 25 Zil-Zaada 1343.

(Sd) Mohammed Ibn Abd el Krim el Khattabi.

Les conditions de paix de Painlevé et de Primo de Rivera

Texte officiel donné à Nîmes le 3 octobre 1925 *par M. Painlevé*

1° Les gouvernements français et espagnol, agissant conjointement, sont d'accord pour assurer aux tribus rifaines et Djebala intéressées toute l'autonomie compatible avec leurs traités internationaux qui régissent l'Empire chérifien.

2° Les deux gouvernements sont d'accord pour ouvrir sans délai des négociations conjointes en vue d'arriver au rétablissement de la paix et à la mise en vigueur du nouveau régime.

Les points essentiels de cette négociation sont les suivants :

a) Remise réciproque des prisonniers.

b) Amnistie réciproque pleine et entière, avec effet à partir du 1er janvier 1926.

3° Définition du régime d'autonomie administrative.

4° Détermination des territoires qui seront placés sous ce régime.

5° Fixation des effectifs de police nécessaires à assurer l'ordre et la sécurité dans ces territoires.

6° La liberté commerciale sera reconnue et assurée dans lesdits territoires dans la mesure compatible avec les traités internationaux et notamment avec les stipulations internationales concernant les matières douanières.

7° Le trafic des armes et munitions demeurera interdit.

8° Désignation d'un secteur du littoral qui serait occupé pacifiquement par l'Espagne dès la cessation des hostilités.

CONTRE LA GUERRE DU MAROC

Soldats de France et d'Espagne, fraternisez avec Abd el Krim !

CAMARADES SOLDATS !

La guerre du Maroc, qui dure depuis près de vingt ans, a déjà coûté la vie à des dizaines de milliers de vos frères. Le partage du Maroc a failli, à plusieurs reprises, ensanglanter le monde. Toute la politique des grands Etats impérialistes d'avant-guerre visait à s'annexer cette nouvelle colonie. L'Allemagne, la France, l'Angleterre, l'Espagne rivalisaient pour s'en emparer. Pour calmer les appétits anglais, les impérialistes de France et d'Espagne donnèrent l'Egypte, sans consulter nullement ses populations, en partage à la vieille Albion. L'Allemagne voulait malgré tout recevoir un morceau du gâteau marocain. On l'élimina temporairement en lui offrant un morceau du Congo. La guerre mondiale, où elle fut écrasée, l'a complètement évincée de la lutte pour le partage du monde. La guerre mondiale terminée, la lutte au Maroc continue. La France et l'Espagne restent seules en ligne.

CAMARADES SOLDATS !

Mais le peuple marocain, que l'on n'a jamais consulté, à qui l'on veut arracher le sous-sol immensément riche en minerai de cuivre, de charbon, de fer, chez qui l'on veut construire des usines où on l'exploitera dix fois plus que le Français, chez qui l'on veut exporter des capitaux pour en tirer des profits scandaleux, à qui l'on veut retirer la possession des champs immenses où il cultivait paisiblement son blé et faisait paître les troupeaux qui lui assuraient une vie facile, n'a jamais consenti à se laisser mettre en tutelle par les capitalistes de France, d'Espagne, par les banquiers de Paris ou de Madrid, par les industriels du Creusot et de Barcelone. Depuis vingt ans qu'on veut l'asservir, il se défend avec courage, ne reculant que devant des armées dix fois supérieures aux siennes et un nombre d'hommes qui dépasse toujours celui que comptent ses tribus. Son attitude est digne de celle des peuples héroïques qui, au cours de l'histoire, ont lutté pour des causes justes. Dans l'état économique arriéré du Maroc, on peut le comparer à la lutte des paysans français contre les seigneurs en 1789 et à celle des ouvriers russes, chassant les capitalistes de leurs usines et de leur pays en 1917.

CAMARADES SOLDATS !

Le peuple arabe a absolument le droit de se défendre contre les spoliateurs, contre les voleurs, « contre les brigands » comme les appelait Jaurès, qui viennent pour le profit de quelques dizaines de capitalistes, de banquiers, coloniser le Maroc. Quand il se défend, il défend une cause juste. Quand il lutte pour son indépendance, il ne sert pas seulement la cause particulière du peuple marocain. Quand il lutte contre le capitalisme exploiteur des ouvriers de France et d'Espagne, il rend aussi un service éminent à la classe ouvrière de ces deux pays. Les ennemis des Marocains sont les mêmes que les ennemis des ouvriers français et espagnols. Les industriels du Creusot et de Barcelone sucent en France et en Espagne le sang de dizaines de milliers d'ouvriers, comme ils ont l'intention de le faire au

Maroc. La lutte pour l'indépendance nationale du Maroc est une lutte contre le capitalisme international, contre Primo de Rivera, contre les impérialistes français. C'est pourquoi tout le prolétariat se réjouit des victoires du peuple marocain et de son chef Abd el Krim sur Primo de Rivera. Tous les prolétaires de France et d'Espagne sont de cœur pour l'indépendance du Maroc. Les plus hardis d'entre eux manifestent dans les grandes villes de France. A Paris, un meeting où les ouvriers espagnols et marocains se sont réunis, s'est levé aux cris de : « Vive l'indépendance totale du Maroc! Vive l'évacuation immédiate du Maroc français et espagnol! »

CAMARADES SOLDATS!

Les fils des bourgeois qui sont intéressés aux conquêtes coloniales ne sont pas au Maroc. Ils s'embusquent à l'intérieur. Seuls, les fils d'ouvriers et de paysans sont expédiés dans cet enfer où, chaque jour, le canon retentit et la bombe d'avion éclate.

Par dizaines de milliers vous avez été sacrifiés dans ces guerres.

Est-ce pour votre intérêt que vous vous battez? Serez-vous plus libres, lorsque vous aurez asservi un peuple de plusieurs millions d'habitants qui ne demande qu'à vivre en rapports d'amitié avec ceux qui ne veulent pas l'opprimer? Non, mille fois non! Un peuple qui en opprime un autre ne peut pas être libre. Vos capitalistes laissent-ils plus de liberté au prolétariat lorsqu'il a combattu pour leur conquérir des colonies? Primo de Rivera, le dictateur ridicule et grotesque, enferme chaque jour des dizaines d'ouvriers révolutionnaires. En même temps que sa campagne de colonisation sur les Marocains, il poursuit une campagne d'oppression systématique contre les ouvriers et les penseurs espagnols.

Le prolétariat de France et d'Espagne n'a rien à voir, ni rien à faire avec les conquêtes coloniales. Il doit se dresser contre elles, comme contre les entreprises de la réaction la plus immonde.

CAMARADES SOLDATS!

Fils d'ouvriers et de paysans, comme vos frères au travail, vous protesterez contre la guerre du Maroc. Demain, lorsque vous reviendrez à l'usine et aux champs, vous devrez payer tous les frais d'une guerre que vous aurez déjà faite.

On vous a dit que les Marocains étaient animés de sentiments d'hostilité à votre égard, que c'étaient de grands criminels! Rien n'est plus faux. Abd el Krim, le vainqueur de Primo de Rivera fut, il y a quelques années, un sujet docile de l'Espagne. Ce sont les brutalités des colonisateurs contre le peuple marocain qui l'ont fait se dresser contre la domination des grands mineurs du Rif. Il essuya lui-même les pires injures. Défendant, très poliment, les revendications des indigènes, devant les officiers de l'armée espagnole, il fut giflé et cravaché par l'un d'eux. Comment voulez-vous que les Marocains traités de la sorte n'aient pas du ressentiment contre la domination étrangère. Mais leur haine des généraux et des officiers qui vous commandent et que vous ne portez pas non plus dans votre cœur, ne leur fait pas oublier que vous n'êtes pas de la même catégorie qu'eux. Entre l'officier et le soldat, le Marocain sait établir une différence. Entre le maître et l'esclave, le Marocain sait juger qu'il n'y a pas d'intérêts communs.

CAMARADES SOLDATS !

La cause que défendent les Marocains est également la vôtre. Vous êtes les ennemis du capitalisme français et espagnol, tout comme Abd el Krim et les Kharkas qui le suivent. La défaite de Primo de Rivera est aussi bien accueillie par le soldat de Malaga qui se soulève et le gréviste de Barcelone que par le Marocain qui a vaincu.

Les révolutionnaires de France et d'Espagne, les jeunes communistes qui ont organisé la fraternisation dans la Ruhr, vous disent que votre devoir d'ouvrier et de paysan est de fraterniser avec les populations opprimées du Maroc.

En France, en Espagne, notre campagne pour l'évacuation du Maroc se développe chaque jour. A chaque instant, la poussée ouvrière se fait plus forte pour arrêter ce meurtre utile aux intérêts de quelques requins capitalistes.

La force et l'union des ouvriers, des paysans, des soldats, des peuples coloniaux imposeront aux capitalistes de France et d'Espagne l'évacuation du Maroc et des autres colonies.

Vive l'évacuation du Maroc !

Vive la Fraternisation des soldats français, espagnols et des Arabes !

Vive l'indépendance totale du Maroc !

A bas les guerres coloniales !

Le Comité d'Action des Jeunesses communistes de France et d'Espagne.

Paris, le 30 septembre 1924.

(*Publié dans* l'Avant-Garde *du* 1er *octobre* 1924.)

MANIFESTE DU 14 MAI

Aux ouvriers et paysans de France et des colonies

Camarades !

Le gouvernement du Bloc des Gauches vient de déclancher une grande offensive contre les Rifains.

La guerre qui s'ouvre menace d'être longue et meurtrière, car elle met en opposition les troupes françaises supérieurement armées et les Rifains dont le courage, la volonté combative sont hors de doute. Ce n'est point à une simple opération de police que nous assistons, mais à une guerre où les Rifains mettront toute l'énergie du désespoir à défendre leur terre libérée du joug étranger et les impérialistes français toutes leurs forces pour liquider la République indépendante, victorieuse du dictateur madrilène Primo de Rivera.

Camarades !

Cette guerre a été voulue et préparée par l'impérialisme français. Malgré les mensonges impudents de la presse impérialiste vendue à Lyautey, le Rif a fait une politique pacifique. Sa victoire sur les Espagnols ne l'a pas empêché de penser à la paix. Les Rifains l'ont proposée à plusieurs reprises aux Espagnols. Ils ont invité la France à causer amicalement. Ils lui ont fait des propositions pour la détermination des rapports communs et des frontières. Ils lui offrirent de traiter la paix. L'impérialisme français, les agents des grosses banques, Lyautey en tête, se refusèrent à examiner ses propositions honorables. Ils n'y répondirent que par des sarcasmes ou par des flots de mensonges. Plus, l'armée française du Maroc, sous la direction effective de Lyautey, avança ses postes de 10 kilomètres vers le nord c'est-à-dire vers le Rif, pour couper les Rifains des zones où ils venaient s'alimenter. Elle commença le blocus alimentaire du Rif, puis dressa contre eux, par la corruption et la contrainte, des tribus jusque-là amies ou neutres. Pendant une année, les propositions de paix d'Abd el Krim n'eurent d'autre écho que les provocations insolentes du soudard Lyautey.

Camarades !

Aujourd'hui l'inévitable est arrivé. La guerre est commencée.

Alors que le gouvernement ne trouve pas un sou pour les réformes sociales et qu'il est à la veille de la faillite, il recommence une guerre longue et coûteuse. Les soldats français toujours plus nombreux venant d'Algérie, de France, des autres colonies d'Afrique, se dirigent vers le charnier marocain. Ce que veut l'impérialisme français, seul responsable de la guerre, c'est abattre la vaillante République rifaine. Pourquoi? Pour satisfaire les appétits insatiables des grosses banques et les ambitions des militaires. Au nom de la civilisation, ils vont entraîner à la mort des milliers d'ouvriers et de paysans français et coloniaux.

Camarades!

Comme la précédente guerre du Maroc, celle-ci va entraîner toutes sortes de complications internationales. Elle va déchaîner les ambitions et les convoitises des divers impérialismes. Elle ouvre de nouveau l'ère des marchandages qui entraîneront les peuples vers de nouveaux conflits. Le Maroc de 1907, précurseur de la guerre mondiale de 1914, devient en 1925 l'annonciateur de nouvelles guerres impérialistes. L'Angleterre s'inquiète de voir les Français s'approcher de Gibraltar. L'Italie, rêvant de régner à Tunis, dénonce déjà la pénétration dans le Rif. L'Espagne elle-même s'inquiète de voir la France aux abords de la zone qu'elle ne veut pas abandonner.

Ouvriers, paysans de France et des colonies!

Le Parti Communiste qui fut seul à dénoncer systématiquement les dangers de la guerre du Maroc, vous appelle à la lutte de toutes vos forces pour empêcher ce nouveau carnage.

Ouvriers socialistes!

N'oubliez pas que vos chefs reniant la glorieuse tradition de Jaurès, qui dénonça toujours le « guêpier marocain », n'ont pas osé voter contre les crédits de la guerre du Maroc. Ils se sont lâchement abstenus. Ils ont voté l'ensemble du budget de la guerre qui contient ces mêmes crédits. Dénoncez et abandonnez vos chefs! Venez avec nous pour opposer aux impérialistes un front unique puissant!

Camarades!

L'occupation du Maroc a déjà coûté aux ouvriers et aux paysans de France 12.000 morts et quatre milliards. Elle a réduit à un véritable esclavage des millions d'indigènes. Seule, une petite clique de banquiers et de capitalistes en profite.

Soutenez et propagez partout les mots d'ordre du Parti Communiste :

PAIX IMMEDIATE AVEC LE RIF!

Fraternisation des soldats français et rifains.

Reconnaissance de la République rifaine.

Evacuation immédiate du Maroc.

Vive l'indépendance des peuples coloniaux! A bas la guerre du Maroc! Vive la fraternisation! Vive le Parti communiste français!

LE COMITÉ CENTRAL DU P. C.

Proposition de front unique

adressée par la C. G. T. U. à la C. G. T. à la date du 23 mai 1925

A LA COMMISSION PERMANENTE DE LA C. G. T.

Bien que vous n'ayez jamais répondu aux nombreuses lettres que nous vous avons envoyées, soit en vue de coordonner pour des objectifs précis et immédiats, l'effort des deux C. G. T., soit en vue de reconstituer l'unité syndicale, la C. E. de la C. G. T. U. n'hésite pas en raison de la gravité des événements actuels, à attirer votre attention sur l'urgence d'organiser un vaste mouvement de protestation contre l'action engagée par le gouvernement français contre la République rifaine.

Personne ne peut passer sous silence le caractère des événements marocains et la responsabilité assumée par le gouvernement français dans cette dangereuse aventure.

En repoussant les propositions de paix et de détermination des frontières faites par Abd el Krim, en avançant les postes français au nord de l'Ouergha, dans une zone fertile restée inoccupée jusqu'à ce jour, dans le but de la distribuer aux colons et d'affamer les Rifains, le gouvernement a pris en fait la responsabilité de la guerre; de plus, le gouvernement français qui cherche maintenant à exterminer les Rifains sous divers prétextes, cherche en réalité à annexer les régions montagneuses et leur sous-sol au profit de quelques banquiers.

La nouvelle guerre du Maroc continue donc la longue série d'expéditions coloniales contre lesquelles, de tout temps, et avec juste raison, s'est dressé le prolétariat français.

L'expédition marocaine revêt aux yeux de tous le caractère d'une guerre de grand style; les communiqués et les commentaires publiés par la presse de toute opinion, ne laissent aucun doute sur sa durée, sa violence, ses sacrifices en vies humaines, et ses conséquences politiques et financières.

Fidèle aux principes révolutionnaires qui l'animent, la C. G. T. U. fait appel à toutes les organisations unitaires : syndicats, unions, fédérations et, en leur nom, à l'ensemble du prolétariat pour qu'un mouvement général de protestation s'élève sans délai contre la guerre franco-rifaine, et contre notre gouvernement responsable.

Garder le silence, c'est non seulement se rendre complice des visées impérialistes du gouvernement français soutenu en la circonstance par tous les partis de la réaction, c'est non seulement se rendre complice du gâchis financier qui va en résulter, ainsi que des complications diplomatiques qu'elles vont faire naître, mais c'est se rendre également complices de la mort de milliers de combattants enrôlés par le gouvernement français pour l'accomplissement d'une besogne que doit réprouver le prolétariat et que tout militant ouvrier doit s'employer à paralyser.

C'est se rendre complice de l'assassinat des Rifains combattant pour leur liberté et leur existence.

Le caractère impérialiste de la guerre marocaine, ainsi que ses tristes et dangereuses conséquences, heurte à un tel point le bon sens de la classe ouvrière, il constitue d'autre part une telle atteinte au droit des peuples à disposer d'eux-mêmes, -- droit admis par le gouvernement et défendu par votre organisation — que du sein même de celle-ci, des protestations se sont élevées.

La C. G. T. U. enregistre avec satisfaction la protestation des Unions confédérées de la Gironde, de la Haute-Garonne et du Rhône contre la guerre marocaine et le gouvernement français, mais il est évident que cette protestation prendra d'autant plus vite un caractère général et décisif si les deux C. G. T. engagent publiquement et conjointement une action commune.

Dans ce but la C. E. de la C. G. T. U. vous propose l'organisation en commun d'une vaste tournée de propagande dans toute la France et de démonstrations ouvrières publiques avec les mots d'ordre suivants :

PAIX IMMEDIATE AVEC LES RIFAINS;

EVACUATION MILITAIRE DU MAROC, DEMANDEE JADIS PAR LA C. G. T.

La C. E. de la C. G. T. U.

Les Résolutions du Congrès ouvrier de la Région parisienne

les 4 et 5 Juillet 1925

Contre la guerre du Maroc et les impôts Caillaux

Les délégués des usines et des organisations prolétariennes de la Région parisienne estiment que leur Congrès doit intensifier et agrandir la lutte des ouvriers et des paysans contre la guerre du Maroc et contre les impôts Caillaux.

Le Congrès des ouvriers de la Région parisienne estime nécessaire pour cela de constituer un Comité central d'Action de 125 membres, chargé d'organiser la lutte. Le Comité central d'Action comprendra 100 camarades des usines les plus importantes et appartenant aux différentes organisations représentées à ce Congrès et 25 délégués des Comités régionaux de province.

Ce Comité d'Action conservera une liaison permanente avec toutes les délégations des usines et des organisations qui ont participé au Congrès.

Le Congrès mandate le Comité d'Action pour se mettre en liaison avec toutes les usines et toutes les organisations décidées à lutter sur le programme déterminé par le Congrès.

En particulier, le Comité d'Action devra travailler au développement des Comités d'Action locaux et des Comité d'unité prolétarienne, dans chaque entreprise, coordonner l'action de ces organismes où doivent entrer tous les ouvriers, employés, femmes travailleuses et paysans, etc., et renouveler aux organisations se réclamant du prolétariat la demande de leur participation au Comité central d'Action sur la base des décisions du Congrès.

Le Comité d'Action devra soutenir de toutes ses forces la lutte pour l'unité syndicale; il devra également lier le mouvement des ouvriers de la région parisienne au mouvement ouvrier des diverses régions de France, au mouvement des paysans travailleurs et au mouvement des peuples coloniaux opprimés par l'impérialisme français.

Le Comité central d'Action devra se mettre en rapport avec les organisations ouvrières d'Angleterre, d'Espagne et d'Italie pour susciter dans ces pays la constitution de comités d'action contre la guerre du Maroc et de toutes les guerres coloniales et opérer avec eux une liaison internationale.

Le Comité central d'Action est chargé de lancer, au nom du Congrès, en dehors des appels généraux à la classe ouvrière, une série d'appels aux femmes travailleuses, aux jeunes ouvriers et ouvrières, aux soldats, aux marins, aux classes moyennes, aux paysans, aux intellectuels, aux peuples coloniaux.

Le Comité d'Action devra pratiquement prendre la défense des soldats et des marins engagés dans la lutte du Maroc, exécuter, en ce qui les concerne, les tâches fixées par le Congrès dans ses résolutions.

Le Congrès insiste sur la nécessité pour son futur Comité d'Action de ne pas limiter son activité à ses premiers objectifs et de prendre toutes les mesures nouvelles que nécessitera la situation.

Le Comité d'Action devra, chaque fois qu'il sera nécessaire, convoquer des Congrès semblables à celui qui vient d'avoir lieu.

Afin de mener à bien les tâches déterminées par le présent Congrès, celui-ci donne mandat au Comité d'Action d'utiliser tous les moyens de recueillir parmi les ouvriers et les paysans les fonds nécessaires à son action.

VIVE LE CONGRES DES OUVRIERS DE LA REGION PARISIENNE!

A BAS LA GUERRE DU MAROC ET LES IMPOTS CAILLAUX!

Pour l'Unité prolétarienne et syndicale

Le Congrès des Ouvriers de la Région parisienne ne doit pas s'en tenir à protester de toutes ses forces contre la guerre du Maroc, contre l'intervention en Chine, contre les nouveaux impôts et contre l'inflation; il demande à tous les ouvriers de France de réunir toutes leurs forces dans des Comités d'unité prolétarienne pour lutter efficacement contre la guerre et contre l'inflation en parfait accord avec le Comité d'Action animé par le P. C. et la C. G. T. U.

Le Congrès se range avec enthousiasme à l'avis de la C. G. T. U. qui prévoit une grève générale de démonstration contre la guerre du Maroc et l'intervention en Chine, et charge le Comité central d'Action d'en assurer la préparation et d'en déterminer la date en accord avec les organisations syndicales.

Le Congrès, décidé à arrêter à tout prix l'effusion de sang, proclame la nécessité du boycottage de la fabrication et du transport des troupes et des munitions.

Le Congrès est convaincu que l'organisation des ouvriers de toute catégorie et de toute conception, dans les syndicats, est le meilleur moyen de défense; il invite tous les ouvriers, sans exception, à entrer immédiatement dans les syndicats unitaires ou confédérés qui s'affirmeront catégoriquement contre la guerre du Maroc, contre les impôts et l'inflation, et qui décideront de lutter pour l'augmentation des salaires, pour l'échelle mobile des salaires et pour leur paiement au taux du dollar, ou en franc-or.

Mais le Congrès souligne les difficultés créées par la coexistence des deux C. G. T.

Pourquoi deux syndicats par usine et par industrie? Pourquoi deux C. G. T.? L'union de tous les ouvriers pour la lutte commune est absolument nécessaire.

Le Congrès fait appel aux deux C. G. T. pour réaliser immédiatement l'accord pour la lutte en commun et pour faire la fusion de tous les syndicats dans le plus bref délai.

Le Congrès ouvrier de la Région Parisienne aux travailleurs des villes et des champs de France et des Colonies

Camarades,

Notre Congrès s'est tenu dans un moment tout à fait difficile pour les ouvriers et les paysans de France et tout le monde du travail.

Tous les travailleurs croyaient que la guerre de 1914-1918 serait la dernière. Il n'en est rien.

La guerre continue au Maroc. Des milliers de soldats sont déjà tombés, d'autres vont y trouver la mort.

Des centaines de millions vont être engloutis dans la guerre. Ils s'ajouteront aux milliards de déficit, conséquence de la guerre de 1914 dont les travailleurs doivent supporter seuls la lourde charge.

POURQUOI LA GUERRE AU MAROC?

Une poignée de banquiers, maîtres du sol, maîtres de toute la production du Maroc veulent à tout prix étendre leur domination sur la portion de territoire qu'Abd el Krim et les Marocains ont libérée du joug des capitalistes espagnols.

Les banquiers veulent conquérir les mines du Rif.

Les banquiers veulent abattre la République du Rif, parce qu'elle est devenue pour tous les peuples coloniaux opprimés le symbole de leur indépendance.

La guerre du Maroc, c'est la guerre des banquiers et des industriels profiteurs de la mort.

Depuis deux années, ils l'ont préparée chaque jour. Tandis qu'Abd el Krim multipliait les offres de paix, Lyautey, général de la Banque, multipliait les provocations à la guerre.

En 1924, en pleine paix, il faisait avancer les soldats français, organisait le blocus et affamait les Rifains pour les contraindre à faire leur soumission.

Le maréchal Lyautey et sa clique, d'accord avec les divers gouvernements, ont provoqué la guerre, *les capitalistes français en sont les responsables.* Maintenant la guerre continue. Elle est dure. L'armée française a subi des échecs cuisants. Pour le profit des banques, plus d'un millier de soldats français ont laissé leur vie sur la terre marocaine. Chaque jour, renforts et matériel partent de France.

« DEUX CENT MILLE SOLDATS SUR LE FRONT MAROCAIN »

Le Bloc des Gauches, qui se présentait au 3 mai comme le champion de la paix, réclame à présent l'élargissement de la guerre, l'envoi de 200.000 soldats sur le front marocain.

La guerre du Maroc n'est pas une opération de police, c'est

une vraie guerre moderne. Déjà, comme au moment du coup d'Agadir, le Maroc rallume des conflits entre les impérialistes de proie.

L'Espagne, malgré ses accords avec la France, voit sans plaisir les soldats français pénétrer dans ce qui fut sa zone. L'Angleterre ne veut pas permettre à la France de s'installer en face de Gibraltar. L'Italie profite de l'occasion pour faire valoir ses convoitises sur la Tunisie.

Le « guêpier marocain » a rapproché la menace d'une nouvelle guerre mondiale.

Voilà où peuvent nous entraîner les appétits des banques.

QUI VA PAYER LES FRAIS DE CETTE NOUVELLE TUERIE?

Les ouvriers et les paysans.

Avec leur sang, puisque chaque jour des morts nouveaux s'ajoutent aux 12.000 morts (avoués officiellement) qu'a déjà coûté le Maroc.

Avec leur argent, puisque l'on veut ajouter de nouvelles charges à leurs charges déjà si lourdes.

La guerre du Maroc montre d'ailleurs par l'attitude des puissances impérialistes que nous entrons dans une période de lutte des impérialistes contre les peuples opprimés et coloniaux dont nous voyons les premiers symptômes dans la guerre de Chine et dans les préparatifs de guerre contre la Russie des Soviets, en tête de ce mouvement de libération.

A cela les ouvriers doivent s'opposer de toutes leurs forces.

Le Cartel des Gauches, serviteur de l'impérialisme français, se jette dans l'aventure marocaine pour voler le Rif au moment où, de l'avis même de Caillaux et en dépit même de ses manœuvres, la situation financière est désespérée.

L'Etat français a quatre cents milliards de dettes.

Depuis des mois on truque le budget pour cacher le déficit. Les caisses du Trésor sont incapables de faire face à leurs échéances. On ne peut même plus aider les paysans et payer aux fonctionnaires les salaires qu'on leur a promis.

L'AGRESSION FINANCIÈRE DU CARTEL DES GAUCHES

Pour trouver des ressources nouvelles, au lieu de faire rendre gorge aux profiteurs, comme on l'avait promis, Caillaux applaudi par toute la bourgeoisie propose des mesures qui, toutes, retombent sur les ouvriers et les paysans.

De nouveaux emprunts dont il faudra payer les intérêts, maintien de l'impôt sur les salaires, augmentation de tous les impôts que paient directement ou indirectement les ouvriers et les paysans, nouvelle inflation de six milliards de francs.

Toutes ces mesures vont déterminer une nouvelle crise de vie chère, réduire les ouvriers à la misère, atteindre gravement les paysans, ruiner les gens des classes moyennes et, pour liquider sa dette de guerre, notre grande bourgeoisie française négocie avec les banquiers de Londres ou de New-York comment elle leur vendra les ouvriers français.

Voilà en quoi consistent les projets de M. Caillaux. Il veut prendre l'argent où il n'est pas, dans la poche des travailleurs.

Les ouvriers et les paysans de France, saignés à blanc, épuisés pendant quatre années de guerre impérialiste, ne peuvent plus supporter le poids de ces charges et de cette guerre nouvelle.

Les représentants des diverses organisations ouvrières invitent le prolétariat à suivre des voies opposées.

L'ATTITUDE DES CHEFS RÉFORMISTES

Certains chefs de la C. G. T. et certains socialistes parlementaires défendent l'attitude des divers gouvernements impérialistes qui mènent la guerre et invitent les ouvriers à soutenir la guerre jusqu'à l'écrasement des Rifains.

D'autres, se cachant sous des formules démagogiques et pacifiques contre la guerre, restent dans l'abstention, neutralisent ainsi la volonté de lutte des ouvriers et des paysans et servent la cause de l'impérialisme, soit qu'ils approuvent de loin le Comité d'Action sans y entrer, soit qu'ils le combattent.

Le prolétariat, s'il veut lutter, ne doit pas détacher la parole de l'action. Il n'a qu'une seule voie à suivre, c'est celle que lui ont indiquée le Comité d'Action et le Congrès qu'il a convoqué.

Camarades,

Le Congrès des ouvriers et des paysans de la Région parisienne appelle tous les travailleurs, hommes et femmes, jeunes et adultes, ouvriers, paysans et soldats, toutes les victimes de la politique actuelle, à se grouper autour de son Comité d'Action.

Seule notre union peut imposer au Bloc des Gauches et aux chefs socialistes de conclure la paix immédiate avec le Rif et de résoudre la crise financière sur le dos de la grande bourgeoisie.

NOS REVENDICATIONS

Le Congrès pose les revendications immédiates suivantes :

L'élévation générale des salaires, l'adoption de l'échelle mobile et le paiement des salaires au taux du dollar et du franc-or à tous les salariés, pensionnés et soldats.

La suppression de tous les impôts qui pèsent sur les travailleurs ouvriers et paysans.

La stabilisation du franc sur le dos des capitalistes, par la confiscation des bénéfices de guerre et le prélèvement progressif sur le gros capital et les gros revenus fait sous le contrôle ouvrier.

La lutte contre la mise en esclavage des ouvriers français par les banquiers d'Amérique et d'Angleterre qui veulent acheter à bas prix une partie de l'industrie.

La paix immédiate avec le Rif.

La reconnaissance de la République du Rif.

L'évacuation militaire du Maroc.

Le Congrès crie aux ouvriers et aux paysans de France : Groupez-vous pour imposer ces mots d'ordre! Unissez-vous aux exploités du monde entier pour lutter contre la guerre et les capitalistes qui la font naître.

A bas les impôts Caillaux!

A bas la guerre du Maroc!

Vivent les ouvriers chinois en lutte pour leur indépendance!

Vive l'unité du prolétariat et des paysans, des peuples opprimés contre la bourgeoisie!

Appel du Comité central d'Action

du 20 Juillet 1925

AUX SOLDATS ET AUX MARINS!

Les Congrès des ouvriers et paysans de la région parisienne et du Nord ont mandaté le Comité central d'Action pour qu'il lance différents appels aux victimes de l'impérialisme français.

L'appel ci-dessous, adressé aux soldats et marins, apporte à ceux-ci l'assurance que les travailleurs de France mettront tout en œuvre pour arrêter la guerre qu'ils font à un peuple qui veut être libre.

LE COMITÉ CENTRAL D'ACTION.

Camarades,

En dépit des promesses qui nous ont été faites en 1918, la guerre a recommencé au Maroc, aussi horrible que celle qui a ravagé le monde pendant plus de quatre ans.

Cette guerre n'a pas pour but de sauver l'honneur national. On nous envoie mourir au Maroc pour permettre aux banquiers de mettre la main sur les riches gisements de la République du Rif, pour engraisser une poignée de capitalistes.

Vous faites la guerre des banquiers.

Camarades soldats et marins! Les 5 et 12 juillet, des milliers d'ouvriers et ouvrières, délégués par tous les travailleurs de la région parisienne et du Nord, se sont réunis pour chercher les moyens de faire cesser la guerre et de vous arracher à la mort.

Le Comité central d'Action, issu de ces congrès, vous adresse son salut fraternel et l'assurance que tous les délégués, qui, de 1914 à 1918, ont connu vos souffrances, veulent immédiatement les faire cesser.

Les politiciens bourgeois et les chefs socialistes, reniant leurs promesses de paix, vous envoient à l'abattoir.

Mais les ouvriers, les paysans, les soldats et les marins sauront imposer la fin de la tuerie par leur union et leur force.

Le C. C. d'Action a confiance en vous; il sait que vous ferez votre devoir envers les Rifains qui luttent pour leur indépendance. Vous ne serez pas les valets de la Banque. Vous vous souviendrez que les bolchéviks russes, les glorieux marins de la Mer Noire, les soldats d'Odessa, les soldats espagnols du Rif ont su arrêter la guerre par la fraternisation.

Il y a quelques jours à peine, à bord du *Courbet,* du *Strasbourg* et du *Paris,* les marins français ont montré qu'ils étaient restés des ouvriers. Ils ont compris leur devoir.

FRATERNISEZ AVEC LES RIFAINS!

ARRETEZ LA GUERRE DU MAROC!

Les ouvriers et ouvrières de la région parisienne et du Nord, demain tous les travailleurs de France, sauront faire aussi leur devoir et obliger les gouvernements à faire la paix. Malgré la répression qui s'abat sur eux, ils lutteront pour imposer la paix par tous les moyens, au besoin par la grève. Ils pensent tous les jours à vous, ils ne vous abandonnent pas.

Voici ce qu'ils réclament pour vous, à côté de leurs propres revendications :

Dix jours de permission tous les deux mois, avec voyage gratuit.

Prêt porté à trente sous par jour.

Franchise pour les colis.

Libération anticipée d'un nombre de jours égal à ceux passés en campagne.

Service de dix-huit mois pour les marins.

De même qu'ils ont arraché de prison les marins de la Mer Noire, les soldats d'Odessa et de Mayence, ils vous soutiendront envers et contre tous!

A bas la guerre du Maroc!

Paix immédiate avec le Rif!

Vive l'évacuation militaire du Maroc!

Vive la fraternisation avec les Rifains!

Proposition du Comité central d'Action au Parti socialiste et à la C. G. T.

le 23 Juillet 1925

Le Comité central d'Action au citoyen secrétaire,

Deux grands fléaux viennent de s'abattre sur les masses laborieuses, aggravant la situation misérable du prolétariat et menaçant d'une ruine irrémédiable les classes moyennes (petits paysans, petits commerçants, etc.).

C'est, d'une part, la guerre du Maroc, avec toutes les conséquences nationales (victimes, dépenses, etc.) et toutes les complications mondiales (menaces de conflagration générale) d'une guerre impérialiste de ce genre.

C'est, d'autre part, les dispositions financières proposées par le ministère Painlevé-Caillaux et adoptées par le Parlement bourgeois (nouveaux impôts, inflation, emprunt-or, relèvement de taxes frappant directement ou indirectement les producteurs).

Pour protester contre ces deux grandes causes de misère, les travailleurs de la région parisienne et du Nord ont tenu, sous l'égide du Comité d'Action provisoire, deux magnifiques congrès ouvriers et paysans (auquel ont participé de nombreux travailleurs de votre organisation) qui ont été l'éclatante démonstration de la volonté des masses laborieuses du pays, hostiles à toute guerre impérialiste et à toutes nouvelles charges financières.

Mandaté par les congrès, le Comité central d'Action vous renouvelle l'offre qui vous a été faite précédemment de participer à son œuvre d'unification des forces ouvrières pour la résistance et pour la lutte sur les mots d'ordre adoptés par ces congrès :

CESSATION IMMEDIATE DES HOSTILITES.

EVACUATION MILITAIRE DU MAROC.

LE MAROC AUX MAROCAINS.

CONTRE L'INFLATION.

POUR LA STABILISATION AUX FRAIS DES CAPITALISTES.

POUR L'ECHELLE MOBILE ET LE SALAIRE-OR.

Recevez, citoyen, notre salut fraternel et révolutionnaire.

Le président : THOREZ; *le secrétaire* : BONNEFONS.

Proposition de front unique du Comité d'Action au Parti socialiste et à la C. G. T.

le 23 Septembre 1925

Le Comité d'Action a adressé au secrétaire général du Parti socialiste et à celui de la C. G. T. la lettre suivante :

Paris, 23 *septembre* 1925.

Camarade Secrétaire,

En dépit de ses menteuses promesses de paix, le gouvernement Painlevé ne cesse d'élargir sa criminelle guerre du Maroc, faisant procéder à de cruelles offensives contre le peuple rifain qui défend son indépendance, et se préparant à une campagne d'hiver mortelle et ruineuse.

En outre, la Syrie devient un nouveau champ de bataille coloniale et un second Maroc.

Le Parti Socialiste ayant affirmé dans son Congrès National son opposition à la guerre du Maroc, vous avez en son nom adressé une demande de convocation immédiate des Chambres.

Le Comité central d'Action, sans se faire illusion sur le rôle du Parlement bourgeois, est disposé à soutenir avec nos camarades socialistes, cette demande de convocation des Chambres, en leur proposant comme buts :

La cessation immédiate des hostilités.

La libération de tous les emprisonnés civils et militaires frappés pour leur lutte contre la guerre.

La réintégration de tous les salariés frappés pour faits de grève (cheminots de 1920, ouvriers et employés des banques).

Remplacement des impôts Caillaux par un prélèvement progressif sur le capital.

Le Comité central d'Action estime que de tels buts ne peuvent être atteints que par une agitation et une action efficacement méthodiques de toute la classe ouvrière, et il vous propose, en conséquence, de participer à ses côtés à la préparation, sur les mots d'ordre définis ci-dessus, de la grève générale de vingt-quatre heures.

Le Comité central d'Action vous avise qu'il est prêt à se rencontrer avec vos délégués, au lieu et à la date que vous fixerez, pour examiner dans le détail les propositions ou contre-propositions que vous pourriez lui faire en réponse à la présente lettre.

Recevez, camarade secrétaire, notre salut fraternel.

Pour le Comité central d'Action
Le Président : THOREZ.

La lettre de M. Gordon Canning

du "Comité du Rif"

1er janvier 1926.

A Monsieur Briand,

Monsieur, voulez-vous me permettre de répondre à certains exposés et suggestions faits dans votre discours du 30 décembre dernier, alors qu'il m'était impossible d'y répondre.

1° « Monsieur Canning peut continuer à faire la tournée des journaux... »

Je voudrais respectueusement vous rappeler qu'une semaine avant mon arrivée à Paris, la presse française avait été complètement informée sur tous les détails de ma mission. *Ces détails avaient été fournis à la presse par diverses personnalités officielles françaises;*

2° On m'accuse d'être entouré d'hommes d'affaires intéressés dans le « cuivre ».

A ce propos, MM. Painlevé, Malvy et Steeg ont été amenés à reconnaître ma parfaite intégrité.

M. Hacklander, dont les actes et desseins ont été ouvertement connus des gouvernements français et espagnol, depuis 1923, au sujet du Rif, est certainement un ami des frères Mannesman. Ceci ne veut pas dire que je suis en relation personnelle d'affaires avec eux.

Je n'oserais jamais insinuer que quelqu'un étant en relations avec M. Finaly est de ce fait même intéressé dans les questions minières du Rif!

3° « Ce n'est pas le gouvernement, mais la presse que M Canning vient chercher à Paris ».

J'ai reçu certains télégrammes, à Tanger, inspirés par de hautes personnalités m'informant que ma présence à Paris était nécessaire. On m'avait laissé entendre que je serais reçu officiellement à Paris. En fait je ne pouvais attendre moins, ayant rempli la tâche que le gouvernement français m'avait donnée et connaissant la courtoisie et la politesse de la nation française;

4° « Si j'avais cru que les conversations puissent servir à quelque chose... »

Si les conditions de paix publiées en juillet sont toujours maintenues, il est bien évident que je peux être utile, *ayant rapporté avec moi, du chef rifain, la première demande officielle des termes de paix* et ayant obtenu de lui d'accepter l'autonomie. Il n'a jamais été question d'agir séparément d'avec l'Espagne, ce qui serait contraire aux termes mêmes de la lettre d'Abd el Krim qui nomme les deux gouvernements;

5° Dans mon mémorandum, il a été bien spécifié que le chef rifain était prêt à accepter une ligne de frontière avec la France qui protégera non seulement la zone française du Maroc, *mais aussi les communications avec l'Algérie. J'ai bien spécifié aussi qu'il ne serait pas insisté au sujet de Tétouan.*

M. Steeg, ainsi qu'Abd el Krim, ont convenu qu'il n'y aurait pas cessation des hostilités, ni de la propagande jusqu'à ce qu'un armistice ait été signé.

En terminant cette lettre, permettez-moi de vous affirmer une fois encore que je suis toujours disposé à faire de mon mieux en faveur de la cause de la paix *sur la base des conditions de juillet.*

Je me permets encore d'attirer votre attention sur le fait que je n'ai aucun intérêt dans les concessions minières du Rif, et c'est grâce à ces conditions exceptionnelles d'indépendance que j'ai pu approcher l'ancien gouvernement français.

Malgré les violentes attaques personnelles dont j'ai été l'objet, *malgré certaines insinuations faites par quelques journaux, et auxquelles vous paraissez n'avoir pas été insensible,* je reste prêt à faire tout en mon pouvoir pour arriver à une paix raisonnable.

J'adresse cette lettre, non à M. le président, mais à M. Aristide Briand, à titre d'indication, et je l'enverrai aux journaux anglais, 48 heures après, pour leur information.

Veuillez agréer, Monsieur le président, l'assurance de ma très haute considération et l'expression de mes sentiments très distingués.

Robert GORDON CANNING.

TABLE DES MATIÈRES

CONCLUSIONS

ANNEXES

LA COOTYPOGRAPHIE
Société Ouvrière d'Imprimerie
11, Rue de Metz — Courbevoie

N° 89

[illegible] BIBLIOTHÈQUE COMMUNISTE

DERNIÈRES PUBLICATIONS

[illegible]	*Lénine marxiste*	1 25
[illegible]	*Le Chemin du Socialisme et le Bloc Ouvrier-Paysan*	2 »
N. [illegible]	*Les Assurances sociales en U. R. S. S.*	1 25
J. DORIOT	*La Syrie aux Syriens*	0 60
J. DUCLOS	*[illegible]*	1 »
[illegible] GOULDEAUX	*Debout les femmes! A bas la guerre!*	0 50
[illegible]	*Lénine, sa vie, son œuvre*	1 50
S. KA[illegible]	*La Protection du travail en U. R. S. S.*	1 50
[illegible]	*La Révolution de 1905*	1 50
[illegible]	*La Coopération révolutionnaire*	0 60
[illegible]	*[illegible]*	5 »
V. [illegible]	*Pourquoi la Nep?*	1 50
[illegible]	*La Guerre du Rif*	5 »
[illegible]	*Questions et réponses*	1 50
[illegible]	*Comment doit travailler une cellule communiste*	0 50
[illegible]	*La réorganisation des partis communistes*	7 50
[illegible]	*8 ans de pouvoir soviétiste en Russie*	2 50
[illegible]	*Les Perspectives internationales et la bolchévisation*	2 50
[illegible]	*Les traits essentiels de la période actuelle*	1 50
[illegible]	*Histoire du P. C. R.*	7 »
[illegible]	*La protection de la mère et de l'enfant*	0 40
[illegible]	*[illegible] vers le socialisme*	6 »

[illegible] "L'HUMANITÉ" — PARIS

[illegible]

www.ingramcontent.com/pod-product-compliance
Ingram Content Group UK Ltd.
Pitfield, Milton Keynes, MK11 3LW, UK
UKHW020149220726
13923UKWH00001B/434